Gesche Rabten

Lerne zu meditieren

Meditation im Alltag

Gesche Rabten

Lerne zu meditieren

Meditation im Alltag

Aus dem Englischen
von Birgitt Gross

Überarbeitet und herausgegeben
von Schülern Gesche Rabtens
unter der Leitung
von Gonsar Rinpotsche

EDITION RABTEN

Titel der englischen Erstausgabe: *Practical Meditation*
Übersetzt und herausgegeben von Brian Gabria, 1981

Deutsche Erstauflage 2007

Alle Rechte vorbehalten – Printed in Switzerland
© Edition Rabten, Le Mont-Pèlerin, Schweiz
e-mail: info@editionrabten.com

Satz und Umschlaggestaltung: Edition Rabten

Foto: Seite 9; Gonsar Rinpotsche

Druck und Bindung: Edition Rabten

Gedruckt auf säurefreiem, chlorfrei gebleichtem Papier

ISBN 978-3-905497-73-1

Inhalt

Vorwort des Herausgebers	7
Erster Sonntag	11
Zweiter Sonntag	29
Dritter Sonntag	49
Vierter Sonntag	65
Fünfter Sonntag	81
Glossar	95
Bild: Gesche Rabten	9

Vorwort des Herausgebers

Im Studium und in der Anwendung des Buddhismus wird auf Meditation großen Wert gelegt. Es mag zwar manchmal so erscheinen, als hätte die Meditation keinen Bezug zu den Sorgen und Nöten des Alltagslebens, doch in Wirklichkeit können sich Meditation und unsere alltäglichen Beschäftigungen gegenseitig unterstützen, wenn wir beide miteinander zu verbinden wissen.

Im Sommer 1980 gab Geshe Rabten im damaligen Tharpa Choeling (heute Rabten Choeling) eine Reihe von Unterweisungen darüber, wie wir eine Anwendung entwickeln können, die sowohl formelle Meditationssitzungen als auch alltägliche Beschäftigungen einbezieht, um einen ausgeglichenen, zweckmäßigen und befriedigenden Lebensstil zu finden. In klarer und leicht verständlicher Weise präsentierte Geshe einige der essentiellen Faktoren, die bei diesem Prozess mitwirken.

Wir möchten an dieser Stelle dem Ehrwürdigen Gonsar Rinpotsche für seine weise Führung und

Unterstützung danken, ohne die unsere Arbeit gar nicht möglich wäre. Unser Dank gilt auch allen Dharmafreunden für ihre hilfreichen Beiträge.

Wir freuen uns, diese Unterweisungen als Buch veröffentlichen zu können, und sind sicher, dass sie den Lesern von persönlichem Gewinn sein werden.

Mögen die Halter dieser Unterweisungen lange leben, und mögen durch sie Mitgefühl und Weisheit in uns zunehmen.

Der Herausgeber
Le Mont-Pèlerin, Oktober 2007

Geshe Rabten vor seiner Klause in den Bergen von Dharamsala (Nordindien) 1969.

Erster Sonntag

Was ist wirklich wichtig in unserem Leben? Das ist eine der entscheidendsten Fragen, die wir uns stellen können. Die Antwort lautet, dass unser Leben sinnvoll sein sollte; wobei unter sinnvoll zu verstehen ist, das eigene Leid zu beseitigen und das eigene zukünftige Glück zu sichern. Das gilt genauso für das Glück und Leid der anderen und sollte die Zielrichtung unserer Anwendung ausmachen. Wir sollten unsere Bemühungen darauf richten, uns selbst und anderen zu nützen, indem wir Leid beseitigen und für Glück sorgen.

Der entscheidende Faktor beim Entwickeln der Fähigkeit, uns und anderen zu nützen, ist der Geist. Doch dieser Geist muss ein fähiger sein; fehlt es ihm an Geschicklichkeit, werden wir unser Ziel nicht erreichen. Diese geistige Gewandtheit muss durch Meditation entwickelt werden. Außerdem ist es wichtig, dass die Meditation selbst richtig ausgeführt wird. Durch korrekte Meditation wird die Fähigkeit und die Kraft des Geistes zunehmen und sich entwickeln.

Um meditieren zu können, müssen wir zunächst studieren; es ist nicht so, dass Meditation und

Studium nichts miteinander zu tun haben. Das Studium hilft uns dabei, eine starke und effektvolle Anwendung aufzubauen. Meditation bezieht sich gewöhnlich darauf, den Geist wiederholt auf ein heilsames Objekt zu richten, um ihn damit vertraut zu machen. Daher können wir die Meditation als einen Vorgang beschreiben, bei dem wir uns an ein heilsames Objekt oder eine heilsame Einstellung gewöhnen. In der tibetischen Sprache bedeutet das Wort für Meditation «Gewöhnung».

Im Moment hören wir Dharma-Unterweisungen zu und strengen uns an, sie in die Praxis umzusetzen, aber unsere Anwendung ist nicht sonderlich kraftvoll oder effektiv. Diese fehlende Wirksamkeit kommt daher, dass wir als menschliche Wesen einen unkontrollierten Geist haben. Um diesen Geist daher so benützen zu können, wie wir wollen, müssen wir ihn zuerst unter Kontrolle bringen. Gegenwärtig werden eher wir von unserem Geist beherrscht, anstatt dass wir ihn beherrschen. Jener Geist wiederum steht unter dem Einfluss von Verblendungen und als Resultat sind alle unsere Handlungen von diesen Verblendungen bestimmt. Deshalb liegt der eigentliche Grund unseres Problems darin, dass wir von einem verblendeten Geist beherrscht werden. Als Folge daraus sind wir nie in der Lage, unsere ersehnten Ziele zu erreichen. Der Zweck der Meditation ist, unseren Geist unter Kontrolle zu bringen.

Dazu werden zwei Arten von Meditation benutzt: analytische und konzentrative. Ich werde jetzt darüber sprechen, wie wir meditieren sollten und was für eine wirksame Meditation notwendig ist. Das mag denjenigen, die bereits früher begonnen haben zu meditieren, vertraut sein.

Zuerst ist es wichtig, durch Studium klar zu verstehen, was Meditation beinhaltet. Die buddhistischen Lehren und Anwendungen haben viele Aspekte, aber wenn wir beginnen zu meditieren, sollten wir uns auf einen beschränken. Springen wir von Anwendung zu Anwendung, werden wir niemals einen Fortschritt machen. Stattdessen sollten wir eine bestimmte Meditationsübung aussuchen und uns auf diese konzentrieren, indem wir unsere anderen Verpflichtungen kürzer gefasst ausführen und die meiste Zeit mit der Hauptübung verbringen. Wenn wir ständig unsere Anwendungen wechseln, sobald wir damit unzufrieden werden, wird dies zur Gewohnheit; wir werden unser Ziel niemals erreichen und in dem ganzen Vorgang ein beträchtliches Maß an Zeit verschwenden. Nachdem wir eine bestimmte Anwendung gewählt und mit der Meditation begonnen haben, werden Schwierigkeiten auftreten, aber dann müssen wir eine zusätzliche Anstrengung machen und dürfen nicht einfach unsere Anwendung aufgeben. Halten wir stand, werden wir uns daran gewöhnen und es wird leichter werden. Es ist auch möglich, dass wir bezüglich unseres Meditationsobjektes unsicher werden. Nachdem wir einige anfängliche Fortschritte gemacht haben, tauchen Hindernisse auf und alles beginnt sinnlos auszusehen. Auch hier müssen wir uns wieder verstärkt bemühen und weitermachen.

Ein weiterer entscheidender Punkt bei der Meditation besteht darin, uns selbst einen Stundenplan für die Anwendung zu machen, dem wir jeden Tag regelmäßig folgen können. Sind wir in der Lage, jeden Tag zur gleichen Zeit oder zu den gleichen Zeiten zu meditieren, werden wir uns daran gewöhnen, dass diese Periode unserer Meditationssitzung gehört, und das wird unsere Übung ebenfalls erleichtern. Weiterhin ist es ratsam, mit kurzen Sitzungen zu beginnen. Wir sollten jede Sitzung beenden, solange wir uns noch gut damit fühlen und nicht warten, bis wir uns langweilen oder müde werden. Gehen wir so vor, werden wir uns auf die nächste Meditationssitzung freuen und unser Wunsch zu meditieren wird erhalten bleiben. Zusätzlich wird, wenn wir von einer befriedigenden Sitzung zu einer weiteren übergehen, unsere Anwendung auf natürliche Weise wirksamer werden. Wenn wir dagegen zu lange meditieren, wird unser Geist müde, unklar und verwirrt. Fahren wir fort in diesem Zustand zu sitzen, werden wir unfähig sein, Stabilität oder Kontrolle zu entwickeln. Wenn wir meditieren, bis wir uns langweilen, werden wir zur

Zeit der nächsten Sitzung wenig oder kein Interesse haben, zu meditieren. Schon unser Kissen zu sehen, wird Abneigung auslösen. Wir müssen sehr geschickt dabei sein, uns zur Meditation hinzuführen, indem wir uns bewusst sind, was getan werden sollte und was nicht. Das Ergebnis werden effektive und befriedigende Sitzungen sein. Sobald wir uns schrittweise an die Anwendung gewöhnt haben, können wir unsere Sitzungen problemlos verlängern.

Beim Entwickeln einer Meditationsanwendung ist es sehr wichtig, die richtigen Vorbereitungen zu treffen. Wenn wir zum Beispiel ein Haus bauen wollen, müssen wir zuerst die notwendigen Materialien zusammenbringen. Ohne diese anfängliche Vorbereitung ist jede eigentliche Bautätigkeit unmöglich. Doch wenn diese Vorbereitungen vollständig sind, kann der Bau reibungslos voranschreiten.

Bevor wir tatsächlich mit der Meditation beginnen, sollten wir unbedingt in der Lage sein, die verschiedenen Hindernisse und Störungen, die möglicherweise auftreten werden, zu erkennen, damit wir die nötigen Schritte unternehmen können, um sie zu vermeiden und zu beseitigen. Eine Quelle der Schwierigkeiten in der Meditation, in anderen Dharma-Anwendungen und sogar im täglichen Leben sind die sechs Sinnesbewusstseinsarten oder Sinnes-«Tore», nämlich das Seh-, Hör-, Riech-, Geschmacks- und Tastbewusstsein und das mentale

Bewusstsein. Um die Hindernisse zu vermeiden, die in Abhängigkeit von diesen entstehen können, müssen wir «die sechs Tore der Sinne hüten». Das tun wir mittels der geistigen Faktoren Achtsamkeit[1] und Wachsamkeit. Sie sind im Allgemeinen die zwei wichtigsten Faktoren, die in der Meditation benutzt werden. Wenn wir arbeiten, benützen wir unsere Hände; wenn wir meditieren, benützen wir Achtsamkeit und Wachsamkeit. Der geistige Faktor Wachsamkeit prüft oder untersucht unseren jeweiligen Geisteszustand in jedem Moment. Wäre sie nicht vorhanden, wäre die Wirksamkeit unserer Handlungen schwerwiegend eingeschränkt. Achtsamkeit oder Erinnerungsfähigkeit ist die Hauptakteurin, die beim Hüten der Sinnestore zum Einsatz kommt. Sie kann leicht identifiziert werden, zum Beispiel als der Aspekt unseres Geistes, der uns befähigt, uns an die Möbel in unserem Haus zu erinnern,

---

[1] Tibetisch: «dran pa». Sie ist einer der Objekt-bestimmenden Geistesfaktoren. Übersetzt als «Erinnerung» in: Gesche Rabten: *Der Geist und seine Funktionen*, Le Mont-Pèlerin 2003. Erinnerung ist von der jeweiligen Absicht abhängig; bei buddhistischen Anwendungen wie den hier beschriebenen ist sie in die Gewöhnung an Heilsames eingebunden.

In der einschlägigen Literatur gibt es keine Konvention zur Übertragung der Geistesfaktoren in die westlichen Sprachen, «dran pa» wird allerdings zumeist mit «Achtsamkeit» übersetzt. Um in diesem einführenden Text keine Verwirrung zu stiften, halten wir uns an die landläufige Übertragung.

während wir hier sitzen. Wir alle haben diesen geistigen Faktor als einen Teil unseres Geistes.

In unserer Anwendung ermöglicht uns die Achtsamkeit, das Objekt der Konzentration und seine verschiedenen Eigenschaften zu vergegenwärtigen. Ohne Achtsamkeit wäre Meditation unmöglich, weil wir das Objekt verlieren würden. Selbst unsere täglichen Beschäftigungen würden ohne Achtsamkeit beeinträchtigt, weil wir einfach vergessen würden, was wir tun. Deshalb ist Achtsamkeit in jeder erfolgreichen Meditationsanwendung unverzichtbar, um das Objekt der Meditation zu halten. Darüber hinaus werden nur kurze Momente der Achtsamkeit nicht ausreichen, wir müssen die Fähigkeit entwickeln, eine ständige Bewusstheit des Meditationsobjektes aufrechtzuerhalten. Wir sollten erkennen, welche Vorteile die Achtsamkeit hat, wie unabdingbar sie für eine erfolgreiche Meditation ist und auf welche Art und Weise sie funktioniert und zu unserer Anwendung beiträgt. Dadurch sollte in uns der Wunsch entstehen, diesen positiven geistigen Faktor aktiv zu fördern.

Die Achtsamkeit wird in der Anwendung dazu benützt, die sechs Sinnestore zu hüten, indem jeder der sechs Sinne vor seinem jeweiligen Sinnesobjekt beschützt wird. Zum Beispiel müssen wir die Augen davor bewahren, willkürlich zu jedem anziehenden visuellen Objekt zu wandern, das unser Interesse erregt. Nicht nur in den Meditationssitzungen geht man so vor, man muss es in allen täglichen Aktivitäten weiterführen.

Im Allgemeinen können wir von drei Arten von Sinnesobjekten sprechen: den attraktiven, den unattraktiven und den neutralen. Nehmen wir ein attraktives Sinnesobjekt wahr, löst dies in unserem Geist Vergnügen aus. In den meisten Fällen entsteht in Abhängigkeit dieser angenehmen Erfahrung Anhaftung. Wenn wir ein attraktives Objekt mit einer der sechs Sinneswahrnehmungen erfahren, müssen wir beim Hüten der Sinnestore verhindern, dass Anhaftung entsteht, nachdem die Attraktivität des Objektes festgestellt worden ist. Das ist eine der Aufgaben der Achtsamkeit. Wir tun dies, indem wir den Geist in einem wachsamen Zustand halten, sobald wir ein anziehendes Objekt wahrnehmen, und indem wir uns erinnern, wie leicht Anhaftung entstehen kann. Sind wir uns der Gefahr bewusst, können wir das tatsächliche Entstehen der Anhaftung verhindern. Diese Methode, Anhaftung abzuhalten, kann auf jeden der sechs Sinne angewendet werden.

Üblicherweise verursacht die Begegnung mit unattraktiven oder unangenehmen Objekten Unzufriedenheit oder Schmerz. In Abhängigkeit dieser unerfreulichen Empfindung entsteht Abneigung. Das kann leicht geschehen, wenn wir zum Beispiel eine Person treffen, die wir nicht mögen. Auch hier müssen wir mit Achtsamkeit die Sinne hüten. Diese Anwendungen sind gewöhnlich einfacher für ausgeglichene und aufgeschlossene Personen und schwieriger für jemanden, der sehr frustriert oder angespannt ist. Aber das richtige Maß ist entscheidend, denn eine zu lockere Einstellung kann zu einer Vernachlässigung von Studium und Anwendung und zu übermäßigem Schlaf führen. Falls wir ein unangenehmes Objekt erfahren, müssen wir uns sofort in Erinnerung rufen, dass wir, wenn wir unaufmerksam sind, leicht unnötig ärgerlich werden. Zwischen dem Erscheinen des Objektes und bevor Ärger entstehen kann, müssen wir achtsam bleiben.

Diese Übung sollte angewendet werden, wenn wir mit angenehmen und unangenehmen Objekten in Kontakt kommen. Am besten ist es, wenn wir so das Entstehen von Anhaftung oder Abneigung verhindern und einen heilsamen Geisteszustand beibehalten können. Zumindest sollten wir versuchen, den Geist in einem neutralen Zustand zu belassen, und nicht erlauben, dass irgendwelche unheilsamen Handlungen folgen. Indem wir bei all unseren Handlungen achtsam bleiben, werden wir fähig, Anhaftung, Abneigung und andere negative Geistesfaktoren unter Kontrolle zu bringen. Strengen wir uns dagegen nicht an, bei unseren täglichen Beschäftigungen Achtsamkeit zu entwickeln, werden Anhaftung und Abneigung entstehen, ohne dass wir sie aufhalten können. Üben wir Achtsamkeit jeden Tag, wird sie uns zur Verfügung stehen, wenn wir sie brauchen und nicht erst dann, wenn es zu spät ist. Das war die Erklärung der einen Methode, mit der man den Geist vor Anhaftung an angenehme und Abneigung gegen unangenehme Objekte schützt.

Eine andere Methode, mit den Verblendungen umzugehen, wird angewendet, bevor man tatsächlich mit den verschiedenen Objekten in Kontakt kommt. Dabei bedenken wir die Fehler oder Nachteile, die entstehen können, wenn wir es zulassen, dass diese Verblendungen unseren Geist beeinflussen. Wenn wir zum Beispiel wissen, dass ein bestimmtes Objekt Anhaftung oder Abneigung auslöst und wir den Kontakt damit vermeiden, dann werden diese negativen Faktoren des Geistes nicht entstehen. Vermeiden wir den Kontakt nicht, kann das Objekt nicht nur, während wir es erfahren, Anhaftung oder Abneigung hervorrufen, sondern auch hinterher genügt schon die Erinnerung daran, damit die Verblendungen entstehen.

Bei diesen beiden Methoden ist die Achtsamkeit der Hauptfaktor. Sind wir fähig, sie entsprechend einzusetzen, können wir das Entstehen der Verblendungen verhindern. Auch wird sich die Kraft der Achtsamkeit nach wiederholter Übung auf natürliche Weise steigern. Wenn es uns gelingt, die Achtsamkeit bei unseren täglichen Beschäftigungen außerhalb der Meditationssitzungen beizubehalten, werden wir feststellen, dass sie bei der eigentlichen Meditation viel stärker und stabiler sein wird als ohne diese Übung. Benutzen wir die Achtsamkeit in dieser Weise, um die Sinne zu kontrollieren, sowohl wenn wir meditieren als auch in unserem Alltag, wird sich zeigen, dass sich die beiden Perioden gegenseitig unterstützen, indem sie bei der Entwicklung und Stärkung der Achtsamkeit helfen. Wenn jemand sich darin übt, geistige Ruhe zu entwickeln, durchläuft er neun Entwicklungsstufen. Auf der fünften Stufe wird die Kraft der Achtsamkeit wirklich stabil. Weil die Methoden, den Geist zu behüten und die Sinne zu zügeln, in erster Linie zur Meditationsanwendung gehören, habe ich sie hier erklärt, aber eigentlich sind sie für jeden, der einen heilsamen Lebensstil führen und heilsamem Verhalten folgen will, sehr wichtig.

Der zweite Faktor, den wir entwickeln müssen, ist die Wachsamkeit. Wachsamkeit, wie vorher erwähnt, ist der Aspekt des Geistes, der den Geist prüft und auf Fehler und Verblendungen hin untersucht. Sie findet heraus, ob unser Geist in einem positiven oder negativen, heilsamen oder unheilsamen, korrekten oder inkorrekten Zustand ist. Sie überprüft all unsere Handlungen, zum Beispiel unser Gehen, die Aktivitäten der verschiedenen Sinne und sogar solche wie Essen oder Trinken.

Manche werden sich wundern, warum wir Tätigkeiten wie Essen oder Trinken erwähnen, da dies doch ein Unterricht über Meditation sein soll. Aber all das kann auf die Meditation bezogen werden. Verbringen wir einige Zeit mit Meditation, machen ein wenig Fortschritt und verhalten uns nachher völlig willkürlich, wird das jegliche Entwicklung, die wir erreicht haben, auslöschen. Wenn wir dann erneut meditieren, ein wenig Fortschritt machen und wieder unverständig handeln, wird aufs Neue jeder erzielte Fortschritt zunichte. Wenn wir deshalb die Zeit nach der Meditation nutzbar machen können, wird es automatisch unserer Meditationssitzung zugute kommen. Begegnen wir den Problemen und Ablenkungen, die wir im täglichen Leben antreffen, mit Achtsamkeit und Wachsamkeit, gewöhnen wir uns an diese beiden Geistesfaktoren und ihre Stärke wird zunehmen. Wenden wir sie im Anschluss daran in der Meditation an, können wir uns ihrer Wirksamkeit sicher sein.

Um Wachsamkeit zu entwickeln, sollten wir, bevor wir eine Tätigkeit beginnen, darüber nachdenken, was der Zweck dieser Tätigkeit ist, ob etwas Unangebrachtes daran ist, ob sie nützlich ist oder nicht, ob durch sie Schwierigkeiten entstehen können und so weiter. Auf diese Art untersuchen wir die verschiedenen damit verbundenen Aspekte. Haben wir so die Eigenart der Handlung ermittelt, können wir sie unterlassen, wenn sie falsch oder schädlich ist. Ist sie gut und von Nutzen, können wir sie ausführen. Während wir dann mit der Handlung beschäftigt sind, sollten wir uns der positiven oder negativen Konsequenzen oder jeder Gefahr, die entstehen könnte, bewusst sein. Auf diese Weise arbeiten Achtsamkeit und Wachsamkeit Hand in Hand.

In einem Sutra spricht Buddha davon, beim Gehen auf das Gehen achtsam zu sein, beim Sitzen achtsam zu sein auf das Sitzen. Bei jedweder Handlung, die wir ausführen, sollten wir bewusst und achtsam bleiben, zuerst die Handlung mit Wachsamkeit prüfen und dann mit Achtsamkeit ausüben. Dass wir uns von einem Ort zum anderen bewegen, ist eine tägliche Notwendigkeit. Wenn es uns deshalb gelingt, zu jeder Zeit Achtsamkeit und Wachsamkeit zu üben, verdoppeln wir ihre Effektivität, denn sowohl in den Meditationssitzungen als auch zwischen den Sitzungen fördern wir ihre Entwicklung.

Sollten wir in asiatischen Ländern wie Indien oder Sri Lanka reisen, wo der Buddhismus weit verbreitet ist, sehen wir möglicherweise Mönche sehr langsam einen Pfad entlanggehen. Sie tun das nicht, um eindrucksvoll oder attraktiv auszusehen. Wenn sie wirklich praktizieren, dann folgen sie jenem Ratschlag, beim Gehen Achtsamkeit und Wachsamkeit zu üben. In Meditationstexten heißt es, dass die Periode nach der Meditation der Meditationssitzung nutzen sollte und dass die Meditationssitzung der Periode nach der Meditation nutzen sollte. Beide sollten sich gegenseitig unterstützen. Wenn wir dagegen eine wirkungslose Meditation ausführen und außerdem unsere Zeit zwischen den Sitzungen achtlos verbringen, kann sich kein Fortschritt einstellen. Deshalb ist es für jemanden, der ernsthaft wünscht, zu meditieren oder ein heilsames Leben zu führen, so nützlich, diese beiden geistigen Faktoren zu entwickeln.

Nicht nur, wenn wir irgendwo hingehen, sondern auch, wenn wir arbeiten oder sprechen oder uns nur ausruhen, sollten wir vor unseren Handlungen darüber nachdenken, ob sie heilsam sind oder unheilsam, ob sie schädlich oder nützlich sind. Haben wir das Gefühl, eine Handlung sei nicht gut, sollten wir sie einfach sein lassen. Wenn sie positiv ist, führen wir sie aus, aber mit bleibender Wachsamkeit und Achtsamkeit. Wir sollten diese Faktoren auch benützen, um herauszufinden, ob der Ort und die Zeit unseres Gehens sicher und frei von jeglicher Gefahr sind. Kurz, wir müssen in allen Situationen aufpassen und achtsam bleiben. Die meisten unserer Schwierigkeiten entstehen, während wir uns außerhalb einer Meditationssitzung befinden, und deshalb ist es so wichtig, zu allen Zeiten achtsam und wachsam zu bleiben. Uns so zu verhalten, kann uns im Alltag effektiver und effizienter machen und gleichzeitig unserer Dharmapraxis helfen. Aber seid bitte nicht übereifrig in eurem Bemühen, damit ihr keinen Unfall verursacht, weil ihr beim langsamen Überqueren einer stark befahrenen Straße Achtsamkeit geübt habt! Die Erklärung dieser zwei geistigen Faktoren ist sehr ausführlich, aber um es einfach auszudrücken: Achtsamkeit erinnert sich und bleibt sich ihres Objektes bewusst und Wachsamkeit stellt seine guten oder schlechten Eigenschaften fest.

Kurz gesagt, wir sollten uns bemühen, Achtsamkeit und Wachsamkeit zu entwickeln. Wie vorher erwähnt, sucht euch ein Objekt aus und führt viele kurze Meditationssitzungen durch! Arbeitet vor allem daran, die Tore der Sinne zu hüten! Wenn wir ernsthaft meditieren wollen, sollten wir nun, da wir die Unterweisungen gehört haben, diese nicht einfach vergessen, sondern uns vielmehr anstrengen, sie jeden Tag anzuwenden.

Zweiter Sonntag

Letzte Woche haben wir darüber gesprochen, wie notwendig es ist, den Geist zu entwickeln und Kontrolle über ihn zu erlangen. Wir sprachen über zwei Phasen, in denen wir mit unserem Geist arbeiten können: eine während der Zeit, in der wir tatsächlich meditieren, und die andere zwischen unseren Meditationssitzungen, wenn wir unseren täglichen Beschäftigungen nachgehen. Beide Perioden sind für unsere Anwendung wichtig. Es ist leicht zu verstehen, dass wir den Geist kontrollieren und in einem heilsamen Zustand halten müssen, wenn wir meditieren. Aber wir müssen uns auch darüber im Klaren sein, dass dies für sich allein unzureichend ist. Wenn wir unserem Geist erlauben, zu anderen Zeiten frei umherzuwandern, werden unsere Meditationssitzungen von geringem Nutzen sein. Der durch die Meditation erzielte Fortschritt wird durch andere Aktivitäten zunichte gemacht. Da wir so viel Zeit außerhalb der Meditation verbringen, wird jeder kleine Fortschritt von einem großen Rückschritt aufgehoben und es ist uns unmöglich voranzukommen. Das war einer der Hauptpunkte des letzten Unterrichts. Sind wir in der Lage, die

Zeit, welche wir außerhalb der Meditation verbringen, für unsere Anwendung zu nutzen, wird das unserer Meditation sehr helfen und sie auch viel leichter machen. Der Effekt ist gegenseitig und wir werden merken, dass unsere Meditationssitzungen auch unseren anderen Aktivitäten zugute kommen. Der Reingewinn ist eine deutliche Verbesserung unseres geistigen Zustandes.

Die Ratschläge, die ich gebe, stützen sich auf Lehren des Buddha, die in den Sutras enthalten sind. Ich benutze einen Kommentar zu diesen von Dsche Tsongkhapa, die *Große Darlegung der Stufen auf dem Weg zur Erleuchtung*. Wir beschäftigen uns hier damit, wie zwei Aspekte unseres Geistes arbeiten: Achtsamkeit und Wachsamkeit. Ob wir uns nun ernsthaft für Meditation interessieren oder nicht, wir können diese zwei Geistesfaktoren zu unserem Vorteil nutzen.

Mittlerweile sollte uns allen klar geworden sein, was mit Achtsamkeit gemeint ist. Sie ist der geistige Faktor, der sein Objekt erinnert und nicht vergisst. Wachsamkeit stellt durch Untersuchung die Eigenschaften des Geisteszustandes fest, wie gut oder schlecht. Sind wir achtsam, werden wir nicht vergessen, womit wir uns beschäftigen, und das Objekt wird unserem Geist klar erscheinen. Eine stabile Achtsamkeit ist sowohl vom Standpunkt des Dharma als auch vom weltlichen Strandpunkt her notwendig. Aus Mangel an Achtsamkeit vergisst ein Meditierender sein Konzentrationsobjekt und bei Alltagsbeschäftigungen vergisst man, was man eigentlich gerade tun sollte. Wachsamkeit hilft bei beiden Tätigkeiten Fehler zu vermeiden. Stellen wir fest, dass wir häufig vergessen, was wir eigentlich tun sollten, oder dass wir viele Fehler machen, zeigt das einen Mangel von Achtsamkeit und Wachsamkeit an.

Letzte Woche erklärte ich bereits, wie wir Achtsamkeit üben, doch für alle Neuankömmlinge werde ich es kurz wiederholen. Unsere Sinne sind wie sechs Tore. Besitzen wir ein Kalb, das ständig wegläuft, und bringen es in ein Haus, das sechs Türen hat, und vergessen, die Türen zu schließen, wird es nicht möglich sein, das Tier drinnen zu behalten. Die Türen unserer sechs Sinne stehen üblicherweise genauso sperrangelweit auf und unser herumwandernder Geist ist, wie das Kalb, frei, zu tun und zu lassen, was immer ihm beliebt. Das Ergebnis dieses Mangels an Kontrolle ist eine Unzahl von Problemen und Schwierigkeiten. Wenn wir sagen, wir sollten die Tore der Sinne hüten, dann um dieses sinnlose Umherwandern zu verhindern. In einem Gebäude können wir die Türen schließen, bei den sechs Sinnen müssen wir die Achtsamkeit benutzen, um die Tore zu schließen oder zu bewachen. Die Sinne werden vor ihren jeweiligen Sinnesobjekten behütet.

Zu jedem Sinn gibt es ein attraktives, unattraktives oder neutrales Objekt. Für den Gesichtssinn gibt es die Formen; für den Gehörsinn die Töne; für den Geruchssinn die Gerüche; für den Geschmackssinn Geschmack; für den Tastsinn Tastobjekte; das Geistesbewusstsein kann alle Phänomene erfassen. Bei jedem der sechs Sinne führt der Kontakt mit einem angenehmen Objekt gewöhnlich zu einer Erfahrung von Vergnügen, welche dann Anhaftung auslöst. Genauso führt die Begegnung mit einem unangenehmen Objekt zu einer Erfahrung von Unbehagen, die Abneigung auslöst.

Das sind unsere normalen Reaktionen; aber wenn Achtsamkeit gegenwärtig ist und wir mit einem attraktiven Objekt in Kontakt kommen und Glück erfahren, müssen wir uns daran erinnern, dass wir Anhaftung vermeiden sollten, und eine Methode anwenden, um ihr Entstehen zu verhindern. Entsprechend müssen wir, wenn wir mit einem unangenehmen Objekt konfrontiert sind, uns bewusst sein, dass Abneigung entstehen kann, und die nötigen Schritte unternehmen, um das zu vermeiden. Es kann bereits genügen, sich einfach des Objektes bewusst zu bleiben, um das Entstehen von Anhaftung oder Abneigung zu verhindern. Während der Zeit zwischen dem Kontakt mit dem Objekt und dem Entstehen von Anhaftung und Abneigung müssen wir die Kraft der Achtsamkeit anwenden.

Im Lauf des Tages sind wir oft unterwegs und treffen auf viele Menschen und Ereignisse. Während dieser Zeit kommen unsere Sinne mit einer großen Bandbreite von Objekten in Kontakt. Obwohl wir diese Begegnungen machen, können wir das Entstehen von Anhaftung und Abneigung verhindern, wenn wir achtsam und bewusst bleiben, und das wird unserer geistigen Entwicklung sehr helfen. Auch wenn es am Anfang recht schwierig ist, durch wiederholte Bemühung wird sich die Stärke unserer Achtsamkeit steigern. Wenn wir uns an diese Übung gewöhnen, wird es zunehmend leichter, achtsam zu bleiben – und hat mehr Wirkung.

Dieser Anwendung folgen wir nicht in der eigentlichen Meditationssitzung, sondern vielmehr während der alltäglichen Beschäftigungen. Aber nachdem wir so unsere Achtsamkeit geübt haben, wird sich ihre gesteigerte Kraft und Wirksamkeit zur Zeit der Meditation bemerkbar machen. Denn wenn wir meditieren, müssen wir das Objekt unserer Konzentration, was immer es auch sein mag, mit der Kraft der Achtsamkeit halten. Üben wir deshalb Achtsamkeit außerhalb der Meditationssitzung, stärken wir ihre Fähigkeit, während der Meditation wirksam zu funktionieren. Natürlich wird auch das Benutzen der Achtsamkeit während der Meditation ihre Stärke vermehren, was es wiederum leichter macht, sie außerhalb der Sitzungen einzusetzen. Wir sagen oft, wir hätten nur wenig oder gar keine Zeit zum Meditieren, wir wären einfach zu beschäftigt, aber wenn wir mit Achtsamkeit die Tore der Sinne hüten, ist das auch eine Meditationsanwendung.

Nun möchte ich noch einmal über Wachsamkeit sprechen. Denkt daran, dass Achtsamkeit und Wachsamkeit zusammenarbeiten, hier jedoch werde ich besonders über letztere sprechen. Wachsamkeit ist für jede Meditationspraxis entscheidend, aber wir können diesen Geistesfaktor auch außerhalb formeller Meditationssitzungen einsetzen, wenn wir mit Alltagsdingen beschäftigt sind.

Wenn man Wachsamkeit entwickeln will, ist es zuerst notwendig, den Aktivitäten in einer entspannten, natürlichen Weise nachzugehen. Wir sehen das Fehlen dieser Einstellung bei Menschen, die extrem schnell sprechen. Eine solche erzwungene, hastige Sprechweise ist nicht gut. Wir sollten langsam und bedacht sprechen, dann kann unser Sprechen ein Mittel werden, um Wachsamkeit zu entwickeln. Sprechen und antworten wir ruhig und bedacht, haben wir Zeit darüber nachzudenken, was wir sagen. Das wird die Qualität unserer Aussagen verbessern. Wenn wir dagegen sehr schnell sprechen, wird uns oft erst bewusst, was wir gesagt haben, wenn wir es bereits ausgesprochen haben. Ich meine jedoch nicht, dass wir langsam und bedacht sprechen sollten, um sehr eindrucksvoll zu wirken. Eine derartige

Absicht würde auf Stolz beruhen, daher unheilsame Handlungen hervorrufen und unserer Anwendung nichts nützen.

Es ist auch wichtig, unsere körperlichen Aktivitäten wie Gehen, Sitzen, Essen, Trinken und so weiter in einer gelassenen, natürlichen Weise auszuführen, weil das unsere Übung der Wachsamkeit erleichtert. Das ist jedoch ein allgemeiner Ratschlag, Sekretärinnen und Leute, die ähnlichen Berufen nachgehen, können nicht immer langsam und entspannt sein. Aber so zu sprechen und zu handeln, wird uns einerseits Zeit geben, um Wachsamkeit zu üben und andererseits werden wir, wenn wir uns an eine solche Anwendung gewöhnen, ganz von selbst zu entspannteren, gelasseneren und weniger gestressten Menschen.

Unterhalten und bewegen wir uns auf diese natürliche Art, können wir beginnen, Wachsamkeit zu entwickeln. Sie kann sowohl auf unsere körperlichen als auch auf unsere sprachlichen Aktivitäten angewendet werden. Wenn wir zum Beispiel sprechen, ist da gewöhnlich jemand, der uns zuhört. Genauso beziehen sich unsere körperlichen Tätigkeiten auf Personen oder Objekte; in einigen Fällen sind diese reizvoll, in anderen nicht. Deshalb müssen wir wachsam sein und unsere Reaktionen auf die verschiedenen Situationen beurteilen. Wir müssen uns darüber klar sein, was wir gleich sagen oder tun werden; von welchem Nutzen es sein wird; ob es Schaden verursachen kann; ob es lieber ungesagt oder ungetan bliebe; und wie es, wenn es denn getan wird, auf die beste mögliche Art und Weise getan wird. So sollten wir unsere verbalen und physischen Handlungen prüfen. Der Faktor, der dafür verantwortlich ist, ist die Wachsamkeit. Haben wir herausgefunden, dass das, was wir sagen oder tun wollen, nützlich ist, können wir es ausführen. Haben wir das Gefühl, es ist negativ oder unnötig, tun wir es nicht. Die Wachsamkeit untersucht, ob unsere Handlungen gut sind oder nicht. Die Achtsamkeit hält uns dann davor zurück, eine negative Handlung zu begehen oder lässt uns eine positive mit Bedacht durchführen.

Das soeben Gesagte bezog sich auf Objekte. In unserem Umgang mit anderen Menschen sind einige Handlungen erlaubt, nützlich und sollten getan werden, andere verlangen nach Zurückhaltung. Wir neigen dazu, über eine ganze Menge von Dingen zu reden. Ohne uns großartig darum zu kümmern, was wir sagen, führen wir endlose Gespräche voll von sinnlosem Geschwätz, das gute und schlechte Elemente enthält. Durch den Einsatz von Wachsamkeit begutachten und steuern wir unsere Sprache. Verbunden mit Achtsamkeit können wir sinnvolle und positive Gespräche führen.

Die obige Erklärung befasste sich mit unserer Redeweise, jetzt will ich darüber sprechen, wie wir uns bewegen, sitzen und schlafen. Noch einmal müssen wir unsere Handlungen in einer natürlichen und gelassenen Haltung untersuchen. Indem wir Wachsamkeit benützen, entscheiden wir, ob eine bestimmte Handlung gut oder schlecht ist. Nachdem wir das getan haben, enthalten wir uns entweder oder erlauben uns, sie auszuführen, wobei wir die Kraft der Achtsamkeit einsetzen. Unsere Alltagstätigkeiten auf diese Weise durchzuführen, kann unserer Dharma-Anwendung wirklich helfen. Zusätzlich wird es die Qualität unserer täglichen Handlungen selbst erhöhen.

Die Wachsamkeit, die zwischen positiven und negativen Handlungen unterscheidet, und die Achtsamkeit beim Handeln werden im Text auf die fünf Glieder des Körpers bezogen, die Arme, Beine und den Kopf. Außerdem beschreibt der Text die Anwendung in Bezug auf Teile dieser Glieder, wie der Bereich vom Handgelenk bis zum Ellbogen, und auch in Bezug auf die fünf Sinnesorgane, insbesondere die Augen. Wenn wir ein Objekt anschauen, müssen wir, sobald wir es wahrnehmen, sofort Achtsamkeit und Wachsamkeit üben. Das ist immer notwendig, auch wenn wir uns nur umsehen. Es ist wichtig, weil in Abhängigkeit von visuellen Reizen sowohl positive als auch negative Handlungen entstehen können.

Was unser Hin- und Hergehen betrifft, gibt es Orte, die wir aufsuchen dürfen und solche, die wir meiden sollten. Wir benützen die beiden Geistesfaktoren, um festzustellen, ob irgendeine Gefahr besteht. Wenn nicht, können wir gehen. Außerdem sollten wir in Betracht ziehen, dass es Zeiten geben mag, zu denen ein bestimmter Platz sicher ist und andere, wo er es nicht ist. Daher können wir viele mögliche Schwierigkeiten und Probleme vermeiden, wenn wir Achtsamkeit und Wachsamkeit anwenden, wann immer wir etwas zu erledigen haben oder an einen Ort gehen müssen. Es ist nicht nötig, auf alle möglichen Situationen einzugehen, es sollte genügen zu sagen, dass die beiden Geistesfaktoren auf alle Aktivitäten angewendet werden können. Durch wiederholte Bemühung, diese geistigen Fähigkeiten zu entwickeln, werden wir feststellen, dass sie eines Tages automatisch zu funktionieren beginnen und uns bei allen Handlungen unterstützen.

Wir sollten danach streben, diese geistigen Faktoren schon beim Aufwachen zu aktivieren und sie dann jeden Tag bei der Arbeit, beim Gehen von hier nach da, beim Sprechen, kurz bei allem, was wir tun, beizubehalten. Sind wir sehr aufmerksam, ist es möglich, im Verlauf des Tages durch die Anwendung dieser beiden Faktoren jegliche unheilsame Handlung zu vermeiden. Wenn wir dagegen völlig sorglos und unaufmerksam sind, werden die meisten unserer täglichen Handlungen negativ sein. Wie ich schon gesagt habe, können wir an der Entwicklung von Achtsamkeit und Wachsamkeit in unseren

Meditationssitzungen arbeiten. Ergänzen wir das mit ihrer Anwendung bei unseren täglichen Aktivitäten, werden unsere Bemühungen wirksamer und unser Fortschritt schneller sein, da sich die beiden Perioden gegenseitig unterstützen.

Je nachdem, wie sehr wir uns anstrengen, wird die Kraft von Achtsamkeit und Wachsamkeit anwachsen. Und je mehr ihre Kraft zunimmt, desto mehr sind sie dazu fähig, zu verhindern, dass wir unter die Macht der Verblendungen geraten. Solange wir unter dem Einfluss der Verblendungen bleiben, werden wir weiterhin unheilsame Handlungen begehen. Frei von diesem Einfluss können wir heilsame Handlungen durchführen, die unserer Weiterentwicklung in diesem und zukünftigen Leben dienen. Daher heißt es im Text, dass eine Person, die stabile Achtsamkeit und Wachsamkeit besitzt, leicht zu den höheren Ebenen des Weges fortschreiten kann, indem sie die Verblendungen beseitigt und schließlich Befreiung und Allwissenheit erlangt.

Nun folgen einige Bemerkungen, die unser Essverhalten betreffen. Darauf zu achten, auf welche Art und Weise wir essen und wie viel, hilft unserer geistigen Entwicklung. Essen wir nicht richtig, kann das unseren Fortschritt beeinträchtigen. Im Allgemeinen wäre es gut, wenn wir einfach damit anfingen, unser Verlangen nach Essen zu verringern. Das heißt nicht, dass wir nicht essen sollen, sondern vielmehr, dass wir unsere Anhaftung an das Essen reduzieren sollen. Hängen wir übermäßig an der Nahrung, werden wir zu extrem heiklen Essern, indem wir bestimmte Speisen mögen und andere nicht einmal im Traum zu uns nehmen würden. Mit einer solchen Einstellung sammeln wir schnell unheilsame Handlungen an. Wenn wir dagegen unsere Anhaftung verringern können, werden wir leichter zufriedenzustellen sein und daher nicht so schnell negative Eindrücke ansammeln. Es wäre aber ein Fehler, wenn wir begännen, wertlose Nahrung zu essen, um das eigene Verlangen zu verringern. Das würde unseren Körper schwächen und schließlich schädigen und in der Folge auch den Geist. Deshalb sollten wir Mangelernährung vermeiden, um unsere Gesundheit zu erhalten und eine starke Dharma-Anwendung zu behalten.

Ein anderes Problem, das aus zu großer Anhaftung ans Essen entsteht, ist, dass wir uns überessen. Sind wir vernarrt in gutes Essen, kann es passieren, dass wir essen, bis wir richtig voll sind und kein leerer Platz mehr in unserem Magen ist. Das muss vermieden werden. Wir wissen aus eigener Erfahrung, dass es zu einem Gefühl physischer Schwere und einem Mangel and geistiger Klarheit kommt, wenn wir uns überessen. Wir verfallen dann in eine Benommenheit, die leicht zum Schlaf führen kann. Um das zu umgehen, sollten wir mit Maß essen, indem wir ein Drittel des Magens leer lassen und zwei Drittel mit

Nahrung füllen. Dann fühlen sich Körper und Geist wohl und die Verdauung hat es auch leichter.

Sehr wenig zu essen kann auch viele Probleme verursachen. Zuerst einmal werden wir uns offensichtlich sehr bald wieder hungrig fühlen. Außerdem schwächt es den Körper, was zu geistiger Erschöpfung führt, da unser Geist vom Körper abhängt. Als Ergebnis dieser Erschöpfung werden unsere geistige Leistungsfähigkeit, Stärke und Intelligenz degenerieren. Daher müssen wir dafür sorgen, dass wir nicht zu wenig essen.

Richtig zu essen, weder zu viel noch zu wenig, hilft, die Kraft unserer Achtsamkeit und Wachsamkeit zu steigern. Die beiden Extreme der Völlerei und mangelnder Ernährung werden mit Sicherheit einen vernichtenden Effekt auf diese beiden Faktoren haben. Das wiederum verringert den Nutzen, den wir von der Meditation erlangen können. Demnach haben richtige Essgewohnheiten den unmittelbaren Vorteil, eine gute Gesundheit zu fördern. Langfristig dienen sie der Entwicklung von Achtsamkeit und Wachsamkeit und unserer Meditationsanwendung. Deshalb besteht der Hauptgrund, warum man sich richtige Essgewohnheiten zulegen sollte, darin, eine gute Meditation entwickeln zu können.

Wir können unsere Mahlzeiten dafür verwenden, heilsame Potentiale anzusammeln, indem wir sie vor dem Essen darbringen. Wir sollten unsere Mahlzeit darbringen, während wir uns bewusst sind, dass uns diese Nahrung dank der Bemühungen vieler anderer Lebewesen zur Verfügung steht. In Abhängigkeit dieser Nahrung, die sie für uns bereitgestellt haben, und der so zwischen uns entstandenen Beziehung können wir für ihr Wohl beten. Wenn wir auf diese Weise essen, erhalten unsere Mahlzeiten eine Bedeutung im Sinne des Dharma. Diejenigen unter Ihnen, die sich für diese Gebete der Darbringung und Danksagung interessieren, können sie im Sekretariat des Klosters bekommen. Obwohl es eine ganze Reihe von Punkten bezüglich des Essverhaltens gibt, werde ich es für den Moment dabei belassen.

Wir alle müssen schlafen, daher befasst sich der nächste Abschnitt im Text mit diesem Aspekt des Lebens. Wir können auf eine Weise schlafen, die unserer Meditation nützt. Die Erklärung im Text betrifft das Schlafverhalten eines Menschen, der vierundzwanzig Stunden mit Dharma-Anwendungen verbringt. Da viele von uns jeden Tag arbeiten müssen, um ihren Lebensunterhalt zu verdienen, sind wir vielleicht nicht in der Lage, diesem Stundenplan genau zu folgen.

Im Allgemeinen sollte der Tag für das Dharma verwendet werden und die Nacht für den Schlaf. Die Nacht sollte man in drei Teile einteilen. Während des ersten Teils der Nacht sollten wir uns mit Dharma-Anwendungen befassen, während des zweiten schlafen und während des letzten sollten wir aufstehen, uns waschen und unsere Meditation wieder aufnehmen. Es ist für unser körperliches Wohlbefinden wichtig, dass wir während der zweiten Periode gut schlafen. Die Lebenskraft, die wir jeden Tag brauchen, kommt hauptsächlich vom Essen und Schlafen, obwohl auch gut entwickelte Meditation das Ihrige dazu beitragen kann. Können wir in dieser zweiten Phase der Nacht gut schlafen, fühlen wir uns beim Aufwachen körperlich gut ausgeruht und geistig klar und wach. Ohne diese Erholung ist das Gegenteil der Fall. Oft gewöhnt man sich an, bis spät in die Nacht aufzubleiben und dann bis in den späten Morgen hinein zu schlafen. Aber wenn wir den Ratschlägen hier folgen wollen, sollten wir die Nacht in drei Teile teilen, den ersten und letzten mit unserer Anwendung verbringen und den zweiten mit Schlafen. So werden wir uns schrittweise an diese Art zu schlafen gewöhnen.

Wenn wir darauf achten, werden wir merken, dass der Großteil unserer Zeit mit Reden verschwendet wird. Wie schon gesagt, sollten wir deshalb Wachsamkeit benutzen, um festzustellen, ob sich das, was wir sagen, lohnt. Tut es das, sollten wir darüber reden, ansonsten ist es besser zu schweigen. Wir sollten uns bemühen, nach und nach immer weniger Zeit mit müßiger Konversation zu verbringen. Trotzdem sollten wir nicht vorgeben, mit einer Art von strenger Anwendung beschäftigt zu sein und uns dann weigern zu antworten, wenn jemand uns anspricht. Auch einfach zu schweigen, obwohl etwas gesagt werden müsste, hieße die Anwendung übertreiben.

Um noch einmal auf den Schlaf zurückzukommen: Bevor wir einschlafen, sollten wir die Ereignisse des Tages noch einmal Revue passieren lassen. Wenn wir während des Tages heilsamen Beschäftigungen nachgegangen sind, ist es richtig, darüber Freude und Befriedigung zu empfinden. Dann setzen wir uns eine Zeit fürs Aufstehen und nehmen uns vor, den nächsten Tag ebenso mit heilsamen und lohnenden Aktivitäten zu verbringen. Solche vorbereitenden Gedanken sollten unserem Einschlafen vorausgehen.

Für die meisten Leute sollte es möglich sein, eine Zeit fürs Aufstehen am Morgen festzulegen. Wer wie ein Stein schläft, mag es schwierig finden, aber wir können in der Regel zur rechten Zeit aufwachen; und bei fortschreitender Gewöhnung an eine bestimmte Zeit wird es leichter. Gelingt es uns, vor dem Einschlafen über unsere Dharma-Anwendung nachzudenken, kann die Kraft dieser positiven Gedanken unseren Traumzustand beeinflussen und in eine heilsame Richtung lenken, auch wenn die Kraft der Achtsamkeit beim Einschlafen verloren geht. Ein ähnlicher Effekt, allerdings kein heilsamer, entsteht, wenn wir sehr intensiv über ein begehrtes oder verhasstes Objekt nachdenken. Weil wir vor dem Einschlafen daran gedacht haben, kann es anschließend in unseren Träumen auftauchen.

Leuten, die an Schlaflosigkeit leiden oder Mühe haben einzuschlafen, mag es helfen, an Dunkelheit zu denken, wenn sie im Bett liegen. Das kann das Einschlafen erleichtern. Für diejenigen, die schon einschlafen, kaum dass ihr Kopf das Kissen berührt und sehr tief schlafen, kann es hilfreich sein, wenn sie sich strahlend weißes Licht oder einen weißen Raum vorstellen, bevor sie einschlafen. Das macht den Schlaf leichter. Wenn wir einen leichten Schlaf haben, sind unsere Träume klarer und es ist leichter, am Morgen aufzuwachen.

Es gibt viele Schlafpositionen, doch am besten ist es, auf der rechten Seite zu liegen. Das hat bestimmte einzigartige Vorteile und hilft, Hindernissen, die beim Schlaf vorkommen können, entgegenzuwirken. Aber wenn es jemand unbequem findet, auf der rechten Seite zu schlafen, ist es nicht unbedingt nötig.

Die Anwendungen, über die wir gesprochen haben, können wir bei allen unseren üblichen täglichen Beschäftigungen ausführen. Indem wir diese Einstellungen unserer Arbeit, unserem Kommen und Gehen, unserer Art zu sprechen, essen und schlafen gegenüber entwickeln, können wir zu einem befriedigenderen und effizienteren Lebensstil finden. Darüber hinaus unterstützen sie uns beim

Entwickeln von Achtsamkeit und Wachsamkeit und daher bei unserer Meditationsübung.

In den nächsten Unterweisungen werden wir zusätzliche Methoden kennenlernen, unsere Meditation zu verbessern und mit Zweifeln und Schwierigkeiten, die entstehen können, umzugehen. Während dieser Unterweisungen sollten wir gut aufpassen und nicht nur Notizen machen. Nachdem wir den heutigen Unterricht gehört haben, sollten wir morgen damit beginnen, diese Anwendungen schrittweise in unser tägliches Leben zu integrieren. Wird der Geist auf diese Weise langsam umgewandelt, verbessert und entwickelt sich die Qualität unserer Handlungen. Dem Unterricht zuzuhören und dann nichts davon in die Praxis umzusetzen, ist, als schriebe man alles auf und trüge dann die Bücher auf dem Rücken herum; das bringt gar nichts.

Dritter Sonntag

In den zwei vorangegangenen Unterweisungen sprachen wir sowohl über die Meditationssitzung als auch über die Zeit zwischen den Sitzungen. Die Meditationssitzung ist zwar wichtig, doch es ist ebenfalls entscheidend, dass wir zwischen den Sitzungen bei unseren körperlichen, sprachlichen und geistigen Aktivitäten weiter achtsam sind.

Wir haben es für gewöhnlich mit zwei Arten von Schwierigkeiten zu tun: körperlichen und geistigen. Alle unsere psychischen Probleme entstehen aufgrund unserer falschen Vorstellungen. Eine ganze Bandbreite falscher Vorstellungen entspricht den vielen geistigen Problemen, die wir erleben. Daher können wir in dem Maße, in dem wir diese Vorstellungen beseitigen, geistige Stabilität und geistigen Frieden entwickeln. Je mehr wir von diesen Vorstellungen haben, desto mehr werden wir unter geistigen Problemen leiden.

Wenn wir hören, dass alle unsere psychischen Probleme von falschen Vorstellungen herrühren, denken wir normalerweise, dass wir meditieren müssten, um diese zu beseitigen. Aber Meditation ist nicht die einzige Methode, die uns zur Verfügung steht. In den vorherigen Unterweisungen haben wir bereits gehört, wie man in den Zeiten nach der Meditation Achtsamkeit übt. Indem wir die Kraft der Achtsamkeit auf diese Weise entwickeln, kann sie zu einem wirksamen Instrument im Umgang mit den falschen Vorstellungen werden. Durch den verstärkten Einsatz der Achtsamkeit in unseren täglichen Aktivitäten werden sich nach und nach Zeichen des Nachlassens der falschen Vorstellungen bemerkbar machen. Eins davon wäre ein größeres Interesse und einen stärkeren Wunsch, uns in unserer Dharma-Anwendung anzustrengen.

Nachdem wir ein gewisses Maß an Achtsamkeit entwickelt haben, werden wir zum Beispiel in der Lage sein, uns des Momentes bewusst zu sein, in dem wir unseren Fuß heben, um den nächsten Schritt zu tun, der Bewegung, mit der wir das Bein vorwärts bewegen, und wie wir den Fuß schließlich wieder auf dem Boden aufsetzen. Indem wir diesen Prozess beim Laufen immer wieder wiederholen, wird die Stärke unserer Achtsamkeit zunehmen.

Beim Entwickeln und Steigern der Kraft unserer Achtsamkeit werden wir zugleich die Macht der falschen Vorstellungen schwächen. Zum Zeichen dafür erfahren wir bei der Anwendung solcher Übungen wie der Gehmeditation ein Gefühl von Glück und Freude. Außerdem werden wir während einer solchen Gehweise frei von geistiger Unruhe sein. Das

Entstehen von Glück zeigt ein Verringern der störenden Vorstellungen an. Als Ergebnis einer fortgesetzten Achtsamkeitsübung beim Gehen und bei anderen Aktivitäten entwickeln wir eine Art einsgerichteter Konzentration. Deshalb wird die einfache Übung der Achtsamkeit auf das Gehen nicht nur die Kraft der Achtsamkeit selbst steigern, sondern auch bei der Entwicklung von einsgerichteter Konzentration helfen und die falschen Vorstellungen verringern; all dies zusätzlich zu dem positiven Effekt, den es auf unsere Meditation hat.

Ich habe diese Anwendung im Bezug zum Gehen erklärt, aber sie kann auf eine ganze Zahl verschiedener täglicher Beschäftigungen angewendet werden, ähnlich wie beim Entwickeln der Wachsamkeit. Wenn wir damit beginnen, unsere Achtsamkeit zu entwickeln, sollten wir die Übungen einfach halten. Sobald wir Fortschritte machen, können wir zu schwierigeren übergehen. Machen wir es genau andersherum und versuchen mit den schwierigen Übungen anzufangen, die wir nicht wirklich verstehen, werden wir trotz großer Bemühungen nicht das erreichen, was wir wollen, nämlich eine gute Meditation. Stattdessen werden wir bekommen, was wir vermeiden wollen, geistige Störungen. Wenn ihr wirklich daran interessiert seid, euren Geist umzuwandeln, fangt mit dieser einfachen Gehmeditation an und verbringt einen

Teil eures Wochenendes mit dieser Übung in einem schönen Park. Indem ihr das oft tut, werdet ihr euch bald an die Übung gewöhnen und einen zufriedenstellenden Fortschritt machen. Das muss fortgesetzt getan werden, ohne die Kontinuität der Anwendung zu unterbrechen. Einen Tag zu üben und dann zwei, drei Tage auszusetzen, wird nirgendwohin führen. Außerdem sollte die Anwendung jeden Tag zur selben Zeit ausgeführt werden, am besten an einem ruhigen, offenen Platz, wie einem einsamen Park. Wenn wir versuchen, sie auf einer geschäftigen Stadtstraße auszuüben, besteht offensichtlich die Gefahr, dass wir von einem Auto angefahren werden. Die Anwendung selbst ist sehr einfach: Wir konzentrieren uns lediglich darauf, unsere Beine zu heben und unsere Füße aufzusetzen. Da gibt es nichts Verwirrendes oder Unklares; wir müssen einfach unsere Aufmerksamkeit auf das Gehen richten.

Essen wir mit einer Gruppe von Leuten, sollten wir an der Konversation teilnehmen; aber wenn wir die Gelegenheit haben, alleine zu essen, können wir es langsam und achtsam tun. Indem wir jedem Bissen unsere Aufmerksamkeit schenken, können wir wieder unsere Achtsamkeit schulen, weil wir unsere Konzentration stärken. Manche mögen einwenden, dass das eigentliche Ergebnis kaltes Essen sein werde, aber das ist nicht der Punkt. Wichtig ist: Wenn wir viele unserer täglichen Beschäftigungen aufmerksam in dieser Weise tun, werden wir immer noch mit ihnen fertig und können gleichzeitig unseren Geist entwickeln. Der Wert der Tatsache, dass wir die Macht unserer falschen Vorstellungen in dem Maße verringern, in dem wir Achtsamkeit entwickeln, ist offensichtlich. Die Anwendung der Meditation ist eigentlich dazu da, die falschen Vorstellungen zu schwächen und schließlich ihre Wurzel auszurotten; dafür sind einfache Methoden wie die Achtsamkeitsübung sehr gut.

Die Meditationslehrer zeigen viele Anwendungsmethoden. Einige benutzen als Objekt der Konzentration, um Achtsamkeit zu entwickeln, zum Beispiel das Heben und Senken des Bauches beim Ein- und Ausatmen. Diese Technik wird in den frühen Stadien der Praxis gelehrt, weil sie relativ leicht auszuführen ist. Wir wissen alle, wo unser Bauch ist, daher stellt sich nicht das Problem eines unklaren oder schwer zu fassenden Objektes. Indem wir ein einfaches Objekt benutzen, kann Konzentration leicht entwickelt werden. Wie beim Gehen wird sich der Geist nach regelmäßiger Anwendung langsam entspannen und die Kraft der Konzentration und Achtsamkeit werden sich entwickeln. Auch werden wir wie zuvor Zeichen für den schwindenden Einfluss der falschen Vorstellungen beobachten. Die Anwendung ist leicht und gefahrlos; und wir können einfach dadurch, dass wir uns des Prozesses des Atmens achtsam bewusst bleiben, unsere geistigen Fähigkeiten erweitern. Buddha lehrte in geschickter Weise, dass Gehen, Sprechen, Essen und andere Alltagsbeschäftigungen achtsam getan werden sollten, weil sie dann zu einfachen und wertvollen Methoden werden, Konzentration zu entwickeln.

Manchmal beschweren sich Leute über mangelnden Fortschritt bei ihren Versuchen, den Geist zu verändern. Aber wenn sie diese einfachen Methoden der Achtsamkeit ausüben und merken, dass sie beginnen, ihnen Spaß zu machen und dass sie sich auf sie freuen, zeigt das an, dass durch die Kraft der Achtsamkeitsübung bereits eine gewisse Transformation stattgefunden hat. Jeder sollte für sich selbst entscheiden, welche dieser Anwendungen ihm am meisten zusagt und seine Energie dort hineingeben.

Der Atem kann auch in einer anderen Weise zum Entwickeln der Konzentration genutzt werden. Nachdem man in den einfacheren Methoden einigen Fortschritt gemacht hat, kann man diese zur eigenen Meditation hinzufügen. Da diese Anwendung ein wenig schwieriger ist als Gehmeditation oder die Konzentration auf das Heben und Senken des Bauches, ist es am besten, zuerst eine von diesen beherrschen zu lernen.

Um diese Meditation auszuführen, sollten wir uns vorstellen, unser Geist befände sich zwischen den

Nasenlöchern. Das hilft, den Geist zu fokussieren. Wenn man auf inkorrekte Weise versucht, den Geist zu fokussieren und sich dabei zu sehr anstrengt, besteht hier eine leichte Gefahr, das Windelement des Körpers zu stören. Deshalb sollten wir zuerst mithilfe der einfacheren Anwendungen einen gewissen Grad von Achtsamkeit und Konzentrationsfähigkeit entwickeln; haben wir schrittweise unsere Fähigkeiten verbessert, können wir uns dieser Atemübung widmen. Nachdem wir eine einigermaßen starke Achtsamkeit entwickelt haben, ist die Gefahr von Windstörungen geringer, selbst wenn wir uns auf den Atem konzentrieren. Diese Störungen äußern sich in Form eines bedrückten, frustrierten Geistes. Um Achtsamkeit zu entwickeln, brauchen wir einen gelassenen, friedvollen Geisteszustand, ähnlich dem, den wir erfahren, wenn wir etwas tun, das wir mögen. Nachdem wir ein gewisses Maß an Achtsamkeit erreicht haben, werden wir bei unserer Meditation ein begleitendes Gefühl von froher Erwartung und Freude bemerken. Infolgedessen werden wir trotz unserer vielen Verpflichtungen Zeit zu praktizieren finden wollen.

Eine andere wichtige Überlegung betrifft den Platz, an dem wir meditieren. Idealerweise sollte es ein ruhiger, freier Platz mit reiner Luft und sauberem Wasser sein; ein Ort, der uns gleich zusagt. Das ist zwar am besten, aber nicht unverzichtbar. Doch unsere Umgebung beeinflusst uns sehr stark; wenn wir an einem Ort leben, der angenehm und erfreulich ist, werden wir uns natürlich wohler fühlen. Niemand lebt gerne an einem unangenehmen Ort. Wenn wir inmitten unerfreulicher Umstände zu meditieren versuchen, werden unnötige Probleme und Hindernisse entstehen. Was die Meditation angeht, müssen wir geschickt sein und uns bemühen, alles so zu arrangieren, dass unser Geist zur Anwendung ermutigt wird und sie gerne ausführt. Ein betrübter Geist ist nur ein Hindernis für die Anwendung. Können wir für angenehme Umstände sorgen, werden wir uns wohl fühlen und unsere Anwendung wird sich entsprechend entwickeln. Mancher wird möglicherweise denken, es würde ihm helfen, an einem Ort zu meditieren, an dem er sehr hängt, weil er gerne dort ist. Das ist ein Fehler. Anhaftung zu nähren, indem man sich an einem solchen Platz aufhält, wäre eine Fehlinterpretation dessen, was ich gesagt habe. Ein Platz mit guter Luft und reinem Wasser ist deshalb nützlich, weil diese Faktoren zu unserem körperlichen Wohlbefinden beitragen; und wegen der engen Beziehung zwischen Körper und Geist hat körperliches Wohlbefinden einen positiven Effekt auf den Geist.

Nachdem wir eine geeignete Umgebung für die Meditation gefunden haben, müssen wir unsere Aufmerksamkeit auf unsere geistige Einstellung richten.

Am Anfang ist es wichtig, eine zufriedene Einstellung zu entwickeln und wenige Wünsche zu haben. Das ständige Sehnen danach, Dinge zu erwerben und die andauernde Sorge, dass wir irgendetwas womöglich nicht in ausreichender Menge besitzen, sind beides Zeichen der Anhaftung. Diese Auffassungen müssen wir ändern und unsere Wünsche einschränken. Weiterhin sollten wir zufrieden sein, indem wir denken, was immer wir haben, ist genug. Solche Einstellungen zu entwickeln, wird unsere Meditation automatisch verbessern, da eine der Hauptursachen für misslungene Meditation darin liegt, nicht zu bekommen, was man sich ersehnt. Über das Objekt unseres Verlangens nachzudenken und darüber, ob wir bekommen können, was wir wollen, oder nicht, lenkt den Geist nur ab. Außerdem werden wir unzufrieden, wenn wir ständig denken, dies oder das sei nicht gut genug oder nicht ausreichend. Unsere Unzufriedenheit wird sich dann auf der Suche nach Befriedigung anderen Objekten zuwenden. Ist der Geist einmal auf diese Weise abgelenkt, folgt ihm der Körper bald nach und beschäftigt sich damit, Wünsche zu befriedigen. Das wird jeden möglichen Fortschritt in der Meditation blockieren.

Wir suchen nur deshalb nach einer geeigneten Umgebung, um die richtigen Umstände für eine gute Meditation zu schaffen und nicht, um einen angenehmen Platz ausfindig zu machen, um mit der Arbeit aufzuhören und einfach auszuruhen. Wir denken vielleicht, es wäre notwendig, uns von jedem menschlichen Kontakt völlig zu isolieren, während wir im Retreat sind. Das ist nur möglich, wenn der Meditierende sehr große innere Stärke besitzt und vollständig mit den Methoden, alle inneren Hindernisse abzuwenden, vertraut ist. Aber für jeden, dem diese Voraussetzungen fehlen, ist es besser, bei dem Retreat einen Helfer zu haben. Damit ist nicht gemeint, dass die Person mit dem Meditierenden zusammenlebt, sondern sie hält sich in der Nähe auf und steht zur Verfügung, um den Meditierenden mit dem Notwendigen zu versorgen und ihm bei Problemen zu helfen. Es braucht noch nicht einmal die ganze Zeit über die gleiche Person zu sein. Versuchen wir, allein im Retreat zu bleiben, kann es uns passieren, dass durch unsere Verblendungen und falschen Auffassungen Probleme entstehen und noch dazu Schwierigkeiten von außen auftauchen. Sollten wir ein Retreat unvorbereitet und ohne Helfer beginnen, ist es gut möglich, dass wir wegen unserer falschen Gedanken am Ende verstörter sind als vor der Anwendung.

Es ist auch wichtig, dass unser Helfer jemand ist, der unsere Anwendung unterstützt und uns ermutigt. Er oder sie sollte eine heilsame, gelassene, entspannte und offene Person sein, die uns helfen kann mit Zweifeln umzugehen, die während der Meditation möglicherweise entstehen. Kurz, es braucht eine aufmerksame, intelligente Person, die geduldig ist und in einem guten Verhältnis zum Meditierenden steht. Die Fähigkeit, bei Zweifeln zu helfen, ist deshalb wichtig, weil der Meditierende sonst niemanden hat, an den er sich damit wenden kann. Wenn er dann nach seinen falschen Auffassungen vorgeht und irrigen Schlüssen folgt, handelt er sich eine Vielfalt von körperlichen oder geistigen Übeln ein. Eigentlich sollte der Praktizierende, bevor er ins Retreat geht, klar und genau verstanden haben, wie er der Anwendung folgen soll, wie er sie weiter vervollkommnet und Fehler vermeidet. Der Text bemerkt dazu: «Vorkehrungen sind nötig, damit man zu einem zufriedenen Meditierenden wird.» Das bezieht sich auf das erforderliche klare Verständnis der Anwendung, welches man braucht, bevor man mit der Meditation anfängt. Ohne dieses wird ein Meditierender, der sich in die Berge zurückzieht, unfähig sein, viel Fortschritt zu machen. Er ist wie eine Krähe, die ohne Sinn und Zweck in die Zweige eines Baumes fliegt, dort eine Weile sitzt und wieder hinabfliegt.

Der beste Begleitumstand für eine erfolgreiche Meditation ist das Befolgen der Ethik. Eine feste ethische Grundlage ist unverzichtbar, egal ob man ein Laie ist, ein Mönch oder eine Nonne. Wo diese Grundlage vorhanden ist, können durch die Meditation geistiges Wachstum und ein innerer Reifeprozess stattfinden. Zieht sich eine Person zum Meditieren zurück und ist aus mangelnder Achtsamkeit unfähig, die Sinnestore zu hüten, wie ich zuvor erklärt habe, wird auch das jeden Fortschritt blockieren. Wachsamkeit ist ebenfalls wichtig. Ohne sie wird sich der Meditierende seiner Fehler nicht bewusst. Der Meditierende muss außerdem umsetzen, was bereits in Bezug auf Essen und Schlafen erklärt wurde, da dies den Erfolg der Anwendung beeinflussen kann. Wie bereits erwähnt, sollte die Nacht in drei Teile eingeteilt werden. Während des zweiten Teiles schläft die Person, um die körperliche Energie wiederherzustellen. Aber wenn ein gewisser Grad der Konzentration erreicht worden ist, ist Schlaf weniger nötig, dank der Erneuerung der Lebensenergien bei der Meditation selbst. Ich sprach auch darüber, wie man richtig isst, um ein Gefühl der Schwere und mangelnde geistige Klarheit zu vermeiden. Auch hier beeinflusst die Entwicklung richtiger Konzentration den Körper dahingehend, dass konventionelle Nahrung immer unwichtiger wird. Aber diese beiden Möglichkeiten sind in unserem gegenwärtigen Entwicklungsstadium noch ganz weit weg. Für uns ist im Moment am wichtigsten, dass wir Achtsamkeit und Wachsamkeit entwickeln, und zwar in Verbindung mit unseren täglichen Beschäftigungen.

Letzte Woche habe ich erwähnt, wir müssten aufpassen, was wir sagen, um damit unserer Neigung entgegenzuwirken, häufig über sinnlose Themen zu reden, was Zeit verschwendet und selten Gutes bringt. Das Resultat ist einfach ein abgelenkter Geisteszustand. Haben wir etwas Bedeutungsvolles zu sagen, gut, aber sonst sollten wir ruhig bleiben und die gewonnene Zeit für wohlüberlegte Betrachtungen verwenden. Das wird uns helfen, viele der Probleme, die mit dem Sprechen zusammenhängen, zu vermeiden. Unsere üblichen Gespräche beginnen oft mit einem bedeutungsvollen Thema, aber schnell gehen wir dazu über, von unseren Problemen zu sprechen, den Problemen anderer und über eine Menge sinnloser Dinge. Jeder sollte selbst überprüfen, ob das wahr ist und ob dieser Ratschlag wertvoll ist oder nicht. Findet ihr ihn nützlich, befolgt ihn! Eigentlich betrifft das uns alle.

Wenn wir genau hinschauen, sollten wir einen Unterschied bemerken zwischen jemandem, der die meiste Zeit alleine verbringt, und jemandem, der häufig mit anderen spricht. Am Ende des Tages wird die Person, die ihre Zeit mit Aktivitäten verbracht hat, aber keine Gelegenheit hatte, über die Fehler anderer zu schwätzen und so weiter, als Ergebnis wenig störende Gedanken haben. Dagegen wird die Person, die den ganzen Tag lang über ihre Probleme und die aller anderen geredet hat, bemerken, dass ihr Geist übervoll ist mit innerem Dialog. Das ist etwas, das wir aus eigener Erfahrung erkennen können.

Obwohl die erste Person vielleicht keine wirksamen Gegenkräfte wie Achtsamkeit und Wachsamkeit aufbringen kann, allein schon weil sie niemanden zum Reden hat, leidet sie am Ende des Tages weniger unter störenden Gedanken und Emotionen.

Das schließt den dritten Unterricht dieser Serie ab. Bitte denkt sorgfältig über das Gesagte nach. Diese Punkte sollten sowohl für das Dharma als auch für den Alltag praktische Richtlinien geben.

Vierter Sonntag

Während der letzten Sonntagabende haben wir darüber gesprochen, was wir tun müssen, wenn wir meditieren, wie wir uns außerhalb unserer Meditationssitzungen verhalten sollten und wie wir diese beiden Perioden verbinden. Diese Themen waren sehr leicht zu verstehen und sehr praktisch. Wir sollten uns bewusst sein, dass wir für jede Art der Meditation, sei sie zur Entwicklung von Konzentration, über die Stufen auf dem Weg zur Erleuchtung oder über eine Meditationsgottheit, zuerst gewisse Vorbereitungen erfüllen müssen. Hören wir von solchen Anwendungen wie denen der sechs Paramitas, der Vollkommenheiten, denken wir vielleicht, das sei nichts für uns, sondern eher für weit entwickelte Anwender auf dem Mahayana-Weg. Aber wenn wir vorhaben, einer vollständigen Anwendung zu folgen, sollten wir die sechs Paramitas zusätzlich zu unserer Hauptmeditationsübung zu einem Teil unserer täglichen Praxis machen. Das sollte durchaus möglich sein, wenn wir wissen, was diese Anwendungen sind und wie sie zu den Einstellungen, mit denen wir bereits vertraut sind, in Beziehung stehen.

Ich habe beispielsweise schon darüber gesprochen, wie notwendig es ist, wenige Wünsche zu haben und zufrieden zu sein. Diese beiden Aspekte der Anwendung gehören zur Vollkommenheit des Gebens. Diese Einstellungen üben wir in Bezug zu unserem Besitz und den Dingen, die wir täglich benutzen. Wenn wir ein großes Verlangen nach Besitz haben und niemals zufrieden sind, wird diese manifeste Anhaftung unseren Fortschritt blockieren. Das sollte uns aus eigener Erfahrung klar sein. Eine Person, die wenige Wünsche hat und schnell zufriedengestellt ist, wird eine natürliche Bereitschaft dazu haben, zu geben. Starke Anhaftung ist von einem intensiven Festhalten gekennzeichnet, während die Freiheit von Anhaftung sich darin zeigt, dass es einem leicht fällt, zu teilen und zu geben. Derart können wir sehen, dass zwischen diesen beiden wichtigen Einstellungen, wenige Wünsche zu haben und zufrieden zu sein, und der Vollkommenheit des Gebens eine Verbindung besteht. Und da sie für eine erfolgreiche Meditation unverzichtbar sind, egal ob es sich nun um einfache Konzentration oder um schwierigere tantrische Anwendungen handelt, wird jede vollständige Anwendung sie einschließen und daher mit der Vollkommenheit des Gebens verbunden sein.

Ich sprach auch über die ethische Disziplin als eine notwendige Vorbedingung für Meditation. Dieser Aspekt der Anwendung gehört zur Vollkommenheit der

Ethik. Da diese ein so wichtiger Faktor ist, sollten wir die ethische Disziplin so gut einhalten, wie wir können. Wir sollten nicht versuchen, eine Anwendung auszuführen, die wir als viel zu schwierig empfinden; aber was wir tun können, das sollten wir auch tun.

Das kann anhand der heilsamen und unheilsamen Handlungen verdeutlicht werden. Wir werden häufig dazu aufgefordert, Negativität und Hindernisse zu bereinigen. Um das zu tun, müssen wir selbstverständlich verstehen, was mit diesen gemeint ist und wie sie sich unterscheiden. Alle unheilsamen Handlungen werden als Hindernisse betrachtet. Aber Hindernisse sind nicht unbedingt unheilsam. Die zehn unheilsamen Handlungen – drei des Körpers (Töten, Stehlen, sexuelles Fehlverhalten), vier der Rede (Lügen, Zwietrachtsäen, grobe Worte, Schwätzen) und drei des Geistes (Habsucht, Bosheit, falsche Anschauungen) – und auch die Eindrücke der unheilsamen Handlungen auf dem Geisteskontinuum gelten sowohl als unheilsam als auch als Hindernisse. Solche Faktoren bewirken zweierlei. Einerseits führen sie zu späterem körperlichen und geistigen Leiden und andererseits stellen sie überwältigend starke Blockaden auf unserem Weg zur Erleuchtung dar. Deshalb wird die Anwendung eines Praktizierenden in dem Maße an Kraft und Klarheit gewinnen, in dem er fähig ist, die Macht dieser behindernden und störenden Faktoren zu schwächen.

Gleichgültig ob man Laie ist oder zur ordinierten Sangha gehört, ohne eine stabile ethische Basis kann Konzentration nicht entwickelt werden. Alle Dharmaanwender sollten die zehn unheilsamen Handlungen vermeiden. Doch hier möchte ich noch einmal darauf hinweisen, dass man nicht versuchen sollte, etwas zu praktizieren, zu dem man nicht in der Lage ist. Unsere Anwendungen sollten auf einer realistischen Einschätzung unserer Fähigkeiten fußen. Es ist nicht geschickt, eine Anwendung forcieren zu wollen. Das bezieht sich auch auf die Dauer unserer Übung. Wenn wir uns ständig all unserer Handlungen bewusst sein können und vor Negativität auf der Hut sein können, ist es am besten; aber wenn nicht, sollten wir versuchen, so oft achtsam zu sein wie möglich.

Achtsam zu bleiben ist eine persönliche Aufgabe; jeder von uns muss seinen eigenen Geist behüten. Wird unser Geist durch die Aufmerksamkeit auf seine vielen Aspekte kontrolliert, führt dies natürlich auch zu einer Kontrolle des Körpers und der Rede, da der Körper und die Rede dem Geist gehorchen. Unser Geist ist wie der Sicherungskasten in einem elektrischen System. Wenn die Sicherungen drin sind, haben wir auch auf den Leitungen Strom. Springen die Sicherungen heraus, haben wir auch auf den Leitungen keinen Strom mehr. Unser Geist ist wie der Sicherungskasten, und Körper und Rede sind wie die

Leitungen. Während unserer wachen Stunden stehen wir hauptsächlich unter der Kontrolle des Geistes. So wie ein Auto seinem Fahrer gehorcht, gehorchen Körper und Rede dem Geist. Wenn unser Geist abgelenkt oder verwirrt ist, wird sich das in unseren körperlichen und sprachlichen Handlungen zeigen. Unser Körper ist in vieler Hinsicht wie ein Klumpen Materie, wie ein Stein zum Beispiel, der, wenn er nicht bewegt wird, einfach an einem Platz liegt. Unser Körper muss vom Geist bewegt und gelenkt werden, daher ist der Geist die Grundlage all unserer Aktivität. Geistige Kontrolle muss von jedem Einzelnen mit Bedachtheit und Überlegtheit entwickelt werden. Der Geist kann nicht mit äußeren Mitteln kontrolliert oder unterworfen werden, indem wir ihn mit Bomben bewerfen wie ein Feindeslager. Jeder muss seinen persönlichen Einsatz bringen.

Geduld ist ebenfalls unverzichtbar für eine erfolgreiche Meditationsanwendung. Fehlt uns dieser Geistesfaktor, werden wir nicht in der Lage sein, Fortschritte zu machen und uns zu entwickeln. Es gibt drei Arten der Geduld: die Geduld, das eigene Leiden anzunehmen und zu ertragen; die Geduld, sich nicht aufzuregen über diejenigen, die einem schaden; und schließlich die Geduld der Entschlossenheit, die Härten zu ertragen, die mit der Anwendung des Dharma verbunden sind. Die erste ist die wichtigste. Wenn wir angesichts von Schwierigkeiten keine Ausdauer haben, werden wir in der Meditationsanwendung niemals Erfolg haben. Wenn im Gegenteil dazu dieses geduldige Annehmen vorhanden ist, können wir nur gewinnen. Typisch für unsere Art der Anwendung ist es, am Anfang große Anstrengungen zu machen, um dann beim ersten Zeichen von Schwierigkeiten aufzugeben. Später, wenn wir uns besser fühlen, fangen wir wieder an nachzudenken und zu studieren, bis wir an neue Schwierigkeiten stoßen, woraufhin wir wieder aufgeben.

Ein solches Verhalten zeigt, dass wir im Umgang mit Schwierigkeiten keine Geduld haben, und führt nirgendwohin. Im Allgemeinen haben wir Schwierigkeiten, sobald wir gezwungen sind, einem strengen System von Regeln und Vorschriften zu folgen. Wir finden es stets leichter, Regeln und Vorschriften zu ignorieren und zu tun, was wir wollen. Doch auch wenn die Regeln schwierig sein mögen, solange sie vernünftig sind, besteht die Möglichkeit, dass positive Ergebnisse herauskommen und wir auf lange Sicht unsere Probleme reduzieren, falls wir uns an sie halten. Bei der Meditation müssen wir unseren Geist benutzen. Aber wenn wir versuchen, ihn zu kontrollieren, während wir meditieren, ihm jedoch zu anderen Zeiten die Zügel schießen lassen, wird unser Verhalten willkürlich und disziplinlos sein. Geistige Kontrolle kann nur auf der Grundlage von Disziplin entwickelt werden. Es gibt bestimmte Handlungen, die erlaubt sind, und andere, die verboten sind. Hier spielen Achtsamkeit und Wachsamkeit eine Schlüsselrolle dabei, den Geist zu beschützen und ein gewisses Maß an Selbstdisziplin beizubehalten. Beim Einhalten einer Anzahl von Regeln und Vorschriften werden wir unweigerlich einige Schwierigkeiten haben, besonders am Anfang. Auch hier in der Schweiz gibt es ja eine Reihe von komplizierten Gesetzen, die für manche schwer zu befolgen sein mögen.

Weil wir mit diesen Schwierigkeiten klarkommen müssen, kann es im Verlauf unserer Anwendung geschehen, dass wir frustriert und müde sind. Im Anfangsstadium besteht offensichtlich die Neigung, beim geringsten Zeichen von Fortschritt euphorisch zu werden und beim kleinsten Zeichen von Problemen übermäßig enttäuscht und frustriert zu sein. Um dem entgegenzuwirken, sollten wir, wenn wir meditieren und meinen, wir hätten ein wenig Fortschritt gemacht und dabei ein gewisses Maß an Zufriedenheit oder geistigem Frieden erreicht, uns nicht stark daran klammern und denken, es wäre extrem bedeutungsvoll. Genauso sollten wir nicht überreagieren, sobald wir mit Schwierigkeiten konfrontiert sind, sondern denken: «Es ist in Ordnung, da Dharma-Anwendung nicht leicht ist, muss ich natürlich mit einigen Schwierigkeiten rechnen.» In beiden Fällen müssen wir Gleichmut entwickeln, im ersten Fall, um das Greifen nach angenehmen Erfahrungen in der Meditation zu vermeiden und im zweiten Fall, um Ungeduld, Entmutigung und Frustration wegen unangenehmen Erfahrungen zu vermeiden. Wir brauchen eine ausgeglichene Einstellung. Schaffen wir das, wird unsere Anwendung stabil und von Dauer sein. Es ist so, als packten wir eine Last auf ein Pferd. Ist das Gewicht ausbalanciert, wird es für das Pferd leicht und komfortabel zu tragen sein. Andernfalls wird es unnötiges Leid hervorrufen.

Diese Einstellungen gehören nicht nur zu unserer Dharma-Anwendung, sondern zu unserem gesamten Leben. Wir müssen unsere Anhaftung verringern und lernen, mit Geduld Schwierigkeiten zu begegnen, sowie Ausgeglichenheit und Gleichmut zu entwickeln. Solche Qualitäten helfen uns, einen befriedigenden, positiven Lebensstil zu entwickeln. Sie tragen zu geistigem Frieden und einer glücklicheren Lebenseinstellung bei. Ohne einen ausgeglichenen Geist werden wir ständig hin- und herschwanken zwischen frohen, optimistischen Tagen, an denen uns alles, was wir tun, Freude bereitet, und elenden, frustrierten Tagen, an denen wir uns deprimiert und von der Welt verraten fühlen. Solche Stimmungsschwankungen deuten auf einen Mangel an Ausgeglichenheit und Gleichmut hin.

Wenn es uns gelingt, diese erste Art der Geduld zu entwickeln, wird die zweite, die Nachsicht gegenüber denen, die uns schaden, leicht entstehen.

Wir sollten diese Einstellungen entwickeln, bevor Probleme auftreten, indem wir wiederholt über die guten Gründe dafür nachdenken. Eine solche Vorbereitung stellt die Grundlage dafür dar, dass wir tatsächlich geduldig sind, wenn wir Personen oder Situationen begegnen, die uns normalerweise ungeduldig und ärgerlich machen. Das kann sogar so einfache Dinge wie schlechtes Wetter mit einschließen. Zuerst müssen wir uns vorbereiten und dann die Anwendung ausführen, sobald eine entsprechende Situation entsteht.

Geduld ist etwas, das wir über Tage, Wochen, Monate oder selbst Jahre entwickeln müssen. Tun wir das, werden wir von Natur aus nachsichtiger werden und uns von unerfreulichen und unangenehmen Ereignissen nicht stören lassen. In solchen Fällen innerlich ruhig und gesammelt zu bleiben, verhindert viele der geistigen Probleme in Verbindung mit Angst und Frustration, unter denen wir häufig leiden. Derartige psychische Störungen entstehen in Abhängigkeit des Windelementes, der Energien in unserem Körper. Das Windelement wird von einer unglücklichen Geisteshaltung erregt und aus dem Gleichgewicht gebracht. Geduld dagegen führt zu einem entspannten und ausgeglichenen Geist, unabhängig von den äußeren Umständen. Ist der Geist froh, entstehen die Ursachen für psychische Störungen schlichtweg nicht.

Fehlt uns diese Geduld im Angesicht von Widrigkeiten, werden Ärger und Frustration schließlich aufkommen, selbst wenn wir uns für eine begrenzte Zeit kontrollieren können, indem wir die Quelle des Ärgers ignorieren. Ist der Ärger einmal in unserem Geist präsent, sind wir nicht mehr in der Lage zu meditieren. Der Wunsch zu meditieren muss deshalb von der Übung der Geduld begleitet sein.

Wir haben uns nun mit den ersten drei Vollkommenheiten, dem Geben, der Ethik, der Geduld und ihrer Rolle in der Meditationsanwendung befasst. Die vierte Vollkommenheit des Enthusiasmus oder der freudigen Anstrengung ist ebenfalls eine wichtige Hilfe, um eine gute Anwendung zu entwickeln. Enthusiasmus bezieht sich in diesem Zusammenhang auf unsere Wertschätzung der Meditation und unsere Freude dabei. In einem Geist, der gerne meditiert, ist Enthusiasmus vorhanden. Er ist anwesend, wenn wir am Anfang und während unserer Anwendung einen frohen, glücklichen Geisteszustand haben. Wenn Enthusiasmus da ist, erfahren wir keine unüberwindbaren Schwierigkeiten, sondern Leichtigkeit und geistigen Frieden. Hindernisse verschwinden und die Anwendung entwickelt sich schrittweise. Beispielsweise wird eine Person, die gerne studiert, ihre Beschäftigung befriedigend und erfreulich finden und als Konsequenz gute Resultate erzielen.

Wenn jemand, bei dem schon das bloße Hören des Wortes Meditation Ablehnung auslöst, eine Anwendung erzwingen will, ist das kein Zeichen von Enthusiasmus. Diese Einstellung wird, egal ob sie sich auf Meditation oder andere Aktivitäten bezieht, bloß Frustration auslösen, was wiederum das Windelement aus dem Gleichgewicht bringt und zu psychischen Problemen führt. Wir kennen das aus eigener Erfahrung beim Studium oder bei der Arbeit. Zwingt man sich zu etwas, kann man es nur eine begrenzte Zeit lang ausführen und wird es schließlich sein lassen. Das zeigt schlicht den Mangel an Interesse oder dem Wunsch danach, diese Tätigkeit auszuführen. Dies sollte die Wichtigkeit des Enthusiasmus für jede erfolgreiche Meditationsanwendung deutlich machen.

Im Allgemeinen sprechen wir von zwei Arten der Meditation: analytischer und konzentrativer Meditation. Für beide müssen wir die Fähigkeit entwickeln, eingerichtet auf ein Objekt konzentriert zu bleiben. Ohne das wird Fortschritt schwierig sein. Einige Leute haben die falsche Vorstellung, dass Konzentration sich nur auf die Fähigkeit bezieht, den Geist stabil zu halten, und dass ihr die Fähigkeit zur Analyse fehlt. Tatsächlich gibt es aber viele verschiedene Arten der Konzentration. Eingerichtete Konzentration bezeichnet die Fähigkeit, den Geist einspitzig auf einem bestimmten Objekt zu halten, ohne jegliche analytische Aktivität. Aber das ist nur eine Art der Konzentration. Eine andere ist der Geist, der ein bestimmtes Objekt oder Konzept analysiert und nicht von dazwischentretenden Gedanken gestört wird. Zum Beispiel muss unser französischer Übersetzer sehr konzentriert bleiben, während er simultan übersetzt. Er muss einerseits genau auf den englischen Übersetzer achten und gleichzeitig aufpassen, was er auf Französisch sagt. Seine Fähigkeit dazu hängt von der Kraft seiner Konzentration ab. Ein anderes gutes Beispiel ist ein Buchhalter. Die Arbeit mit Zahlen und Beträgen bei der Buchhaltung erfordert, dass der Geist konzentriert bleibt, damit keine Fehler passieren. Das ist noch eine andere Art, in der wir die Kraft der Konzentration benutzen.

Konzentration ist allerdings keine angeborene Fähigkeit; das Potential ist da und muss durch wiederholtes Üben entwickelt werden. Und wie ich schon vorher gesagt habe, ist Konzentration entscheidend wichtig für jede Form der Meditation, die wir ausführen wollen. Ohne sie gibt es für uns keine Hoffnung auf Fortschritt. Wir wissen aus eigener Erfahrung, dass jeder, der eine präzise und exakte Arbeit ausführen will, dieses Können durch wiederholtes Studieren und Üben entwickeln muss, bis er mit dem Vorgang genau vertraut ist. Das gilt genauso für die Entwicklung der Fertigkeit der Meditation. Wir müssen uns mit dem Vorgang schrittweise vertraut machen und uns daran gewöhnen. Dies beschreibt, wie und warum die Konzentration, die fünfte der Vollkommenheiten, zu einer erfolgreichen Meditationsanwendung dazugehört.

Unsere Anwendung der Meditation muss fehlerfrei sein, wir müssen diesbezüglich frei von Verwirrung sein und wir müssen das Objekt, auf das wir uns konzentrieren, genau erkennen. Dafür brauchen wir Intelligenz oder Weisheit und ihre Fähigkeit zu analysieren. Das ist die sechste Vollkommenheit.

Die vorherigen Erklärungen sollten klar gemacht haben, dass es falsch ist, zu denken, die sechs Vollkommenheiten bezögen sich nur auf die Anwendungen der Bodhisattvas und nicht auf uns selbst. Wir sollten nun fähig sein, zu sehen, wie sie ein wesentlicher Teil in jedermanns Anwendung sein können. Da alle von uns an Meditation interessiert sind, sollten unsere Studien auf dieses Ziel hin ausgerichtet sein. Alles kann und sollte eine Vorbereitung für die Meditation sein.

Fünfter Sonntag

In den bisherigen Unterweisungen habe ich darüber gesprochen, wie tägliche Aktivitäten wie Gehen, Ausruhen und Arbeiten in unsere Anwendung der Meditation integriert werden können und welche Vorteile sich daraus ergeben. Im Gegensatz zu der Zeit, die wir mit alltäglichen Beschäftigungen verbringen, ist die Zeit, die wir meditierend verbringen, sehr kurz. Obwohl wir dazu in der Lage sein mögen, in diesen kurzen Meditationssitzungen einen kleinen Fortschritt zu machen, wird er für gewöhnlich von den Ablenkungen des Alltages zunichte gemacht. In dieser Situation stellt sich echter Fortschritt unmöglich ein. Wenn es uns aber gelingt, die Kraft der Achtsamkeit und Wachsamkeit bei allen Betätigungen ständig zu üben, wird sich das Ergebnis in unserer Meditation niederschlagen. In den letzten Unterweisungen ging es darum, wie wir Alltagsbeschäftigung und Meditationsübung so verbinden können, dass sie sich gegenseitig unterstützen. Außerdem sprach ich über einige der förderlichen beitragenden Umstände, wie den geeigneten Platz.

Der Zweck unserer Meditationsanwendung ist zweifach: Wir müssen Achtsamkeit und auch

Intelligenz oder Weisheit entwickeln. Diese beiden Faktoren sollten simultan anwachsen. Gleichzeitig brauchen wir Wachsamkeit, um uns vor Fehlern zu schützen. Die meisten von euch sind mit diesen Geistesfaktoren von den vorherigen Unterweisungen vertraut, aber da diesen Abend einige neue Leute hinzugekommen sind, werde ich sie kurz wiederholen. Zunächst sollten wir diese als Faktoren unseres eigenen Geistes erkennen, sie sind keine äußeren Kräfte. Es ist unser Geist, der meditiert, mit unserem Körper als unterstützende Grundlage. Weil Meditation ein persönliches Unterfangen ist, wird sie innerhalb der Sphäre des individuellen Geistes entwickelt und verbessert. Um die Methode dazu zu verstehen, müssen wir uns auf die Anweisungen eines qualifizierten Lehrers und auf Meditationsanleitungen in Texten stützen, aber der eigentliche Faktor ist und bleibt der Geist von jedem Einzelnen.

Zusätzlich zu Achtsamkeit, Wachsamkeit und Weisheit müssen wir auch Streben und Vertrauen entwickeln. Diese beiden Geistesfaktoren helfen, die ersten drei zu entwickeln. Achtsamkeit verhindert, dass wir das Objekt unserer Konzentration vergessen. Ohne sie ist unser Geist unaufmerksam und wandert ziellos herum. Fehlt uns Intelligenz, ist uns die Anwendung nicht klar und wir sind verwirrt. Um solche Fehler zu vermeiden, sollten wir diese beiden Geistesfaktoren entwickeln.

Damit Achtsamkeit und Intelligenz entstehen, brauchen wir zuerst Streben. Ohne das werden wir kein Interesse daran haben, zu meditieren. Fehlt dieses Interesse, können wir offensichtlich kaum einen Fortschritt machen. Wir wissen aus eigener Erfahrung, dass wir für etwas, das uns nicht interessiert, nur sehr wenig Enthusiasmus aufbringen. Wir müssen uns wirklich mit der Anwendung befassen, bloßes Interesse wird keine Ergebnisse bringen. Wenn wir zum Beispiel nicht gerne schwimmen, werden wir nicht schwimmen gehen. Unsere Entscheidung, schwimmen zu gehen, hängt davon ab, ob es uns Freude macht. Wenn das Interesse und der Wunsch danach vorhanden sind, werden wir gehen. Streben beinhaltet diese Elemente; ob wir eine Aktivität tatsächlich durchführen, hängt von ihm ab. Mögen wir eine Tätigkeit nicht, erfahren wir durch sie weder jemals echte Befriedigung, noch geben wir uns gerne damit ab. Beim Meditieren ist es genauso. Wir brauchen Streben als Ansporn, es zu tun.

Streben und der verwandte Faktor der Wertschätzung können in drei Arten eingeteilt werden: Wenn Streben und Wertschätzung unheilsame Handlungen motivieren, werden sie als negativ eingestuft. Wenn sie Aktivitäten wie Joggen und Schwimmen motivieren, gelten sie als neutral. Sind sie beitragende Umstände für heilsame Handlungen wie Meditation, werden sie als positiv gesehen. Indem wir uns dies vergegenwärtigen, sollten wir bestrebt sein, die Häufigkeit der negativen Manifestationen dieser beiden Faktoren zu verringern. Jeder Versuch, ihre positiven Wirkungen zu fördern und zu vermehren, wird für uns definitiv von Nutzen sein und wir müssen uns darum bemühen.

Wir sollten uns bewusst bleiben, dass diese Klassifikationen sich immer auf Faktoren in unserem eigenen Geist beziehen. Auf diese Weise sollten wir heilsame Faktoren einsetzen und steigern, während wir uns bemühen, unheilsame Faktoren zu beseitigen. Dabei handelt es sich ausschließlich um Veränderungen innerhalb der Psyche. Jedes Individuum ist selbst dafür verantwortlich, seine eigenen geistigen Einstellungen zu ändern.

Sprechen wir über die Notwendigkeit, Streben und Wertschätzung in unserer Dharma-Anwendung zu entwickeln, müssen wir immer auch betonen, wie wichtig es außerdem ist, Vertrauen zu entwickeln. Wo Vertrauen vorhanden ist, führen Streben und Wertschätzung mühelos zu einer heilsamen Weiterentwicklung. Auch wenn es möglich ist, ohne Vertrauen zu meditieren, wird eine solche Anwendung schwach und unbefriedigend bleiben. Im Gegensatz dazu wird unsere Anwendung desto befriedigender und effektvoller, je mehr Vertrauen wir haben. Falls wir zum Beispiel die nächste halbe Stunde in gemeinsamer Meditation verbrächten, würde jeder von uns selbstverständlich ein Meditationsobjekt wählen, in das er Vertrauen hat. Wir wissen aus eigener Erfahrung, wie schwer es ist, über etwas zu meditieren, in das wir kein Vertrauen haben. Versuchen wir uns dazu zu zwingen, wird sich der Geist einfach widersetzen oder abschweifen.

Es gibt verschiedene Arten des Vertrauens. Hier meine ich besonders überzeugtes Vertrauen und strebendes Vertrauen. Überzeugtes Vertrauen zeigt sich beispielsweise darin, dass wir über ein Objekt meditieren, von dem wir glauben, dass es hilfreich ist und zu einer heilsamen Weiterentwicklung führen wird. Wir sind von dem Nutzen der Ausführung überzeugt. Wenn wir den Wert einer Handlung bezweifeln, ist das ein Zeichen, dass wir von ihr nicht überzeugt sind. Wenn wir den Wert der Meditation bezweifeln, werden wir keinen Fortschritt machen. Deshalb ist überzeugtes Vertrauen so wichtig. Trotzdem ist es für sich allein genommen unzureichend. Wir brauchen auch strebendes Vertrauen, damit wir uns niemals mit irgendeinem Stand unserer Anwendung zufrieden geben, sondern uns ständig anstrengen weiterzukommen. Unser Bemühen, tiefer gehende Realisationen zu entwickeln, hängt von unserem Verlangen danach ab. Wir sollten uns klar sein, dass nicht jede Form von Verlangen notwendigerweise negativ ist.

Im Allgemeinen gibt es viele Gründe, warum man meditiert, aber sie können alle in drei große

Kategorien zusammengefasst werden. Zuerst einmal gibt es den Wunsch zu meditieren, der aus der Sehnsucht nach geistigem Frieden erwächst. Das ist in Ordnung, da wir uns alle gerne friedlich und entspannt fühlen. Die zweite Art wird von dem Bedürfnis motiviert, psychische Probleme oder Störungen zu beseitigen. Es ist möglich, mit diesen klarzukommen, wenn wir in der Lage sind, über sie nachzudenken. Durch Kontemplation beginnen wir, ihre wirkliche Natur zu erkennen und spüren ihre Bedeutungslosigkeit. Durch diese beiden Erkenntnisse wird ihre Wichtigkeit abgeschwächt und damit ihr Effekt auf uns.

Der dritte Grund zu meditieren hat mit langfristigen Zielen zu tun. Es handelt sich um den Wunsch, sowohl unser eigenes Leiden als auch das der anderen zu beseitigen. Von seinem Verständnis her ist er dem strebenden Vertrauen mit seiner Betonung nach stetiger Weiterentwicklung unseres menschlichen Potentiales verwandt. Aus den ersten beiden Gründen werden wir uns ganz von selbst zur Meditation motiviert fühlen; niemand leidet gerne. Zusätzlich können wir bestimmt den Wert der dritten Art der Motivation schätzen, die sowohl der eigenen Person als auch den anderen nützen will.

Sprechen wir nur über die Beziehung der Meditation zu unserer Dharma-Anwendung, ohne zu verstehen, was echte Meditation bedeutet, wird dabei nichts herauskommen. Wenn wir dagegen ein Verständnis dieser drei Arten der Motivation entwickeln und sie in unsere Anwendung einbringen, wird es uns möglich, aus jeder den ihr eigenen Nutzen zu ziehen.

Um noch einmal auf das Vertrauen zurückzukommen: Es ist wichtig zu erkennen, dass Vertrauen mit einer bestimmten Methode entwickelt werden muss, es wird nicht einfach von selbst entstehen. Sich immer wieder der Gründe bewusst zu werden, warum Meditation nützlich, wünschenswert und gewinnbringend ist, führt zu Vertrauen. Wahrscheinlich wissen wir aus eigener Erfahrung, egal ob es um Dharma geht oder um weltliche Belange, dass wir von dem Wert einer Beschäftigung überzeugt sind, wenn wir sie mit dem Gefühl beginnen, dass sie vernünftig und begründet ist. Unsere Überzeugung wird es uns sogar ermöglichen, jeden, der vielleicht versucht, uns davon abzubringen, zu ignorieren. Fehlt diese Überzeugung, werden wir nicht dabei bleiben und uns nicht voll dafür einsetzen. Deshalb ist es am besten, jede Aktivität aus guten Gründen zu beginnen. Wenn wir den Nutzen der Meditation schätzen können und von ihrer Wirksamkeit überzeugt sind, dann werden wir mit unserer Anwendung fortfahren, was auch immer andere denken mögen. Wenn wir zum Beispiel sicher sind, beim Verkauf eines Produktes einen Profit zu erzielen, werden wir nicht zögern, es zu verkaufen.

Wir müssen nicht nur Gründe haben, etwas zu tun, sie müssen auch fundiert sein. Wenn wir die Gültigkeit unserer Gründe bezweifeln, wird sich das auf unsere Motivation auswirken und es wird keine echte Veränderung stattfinden. Diese Gewissheit entsteht durch die Kraft des Hörens. Das bedeutet, wir sollten Erklärungen über die Anwendungen, für die wir uns interessieren, erhalten. Diese Erklärungen zu erbitten und zu empfangen vervollständigt den wichtigen Aspekt des Hörens.

Der tibetische Meister Sakya Pandita hat gesagt, zu meditieren ohne (Unterweisungen) gehört zu haben, sei, als würde man versuchen, einen Fels mit den Fäusten zu erklimmen. Dieses Beispiel ist leicht zu verstehen; wollten wir klettern, indem wir nur unsere Fäuste benutzen, würden wir sicher fallen. Es zeigt, dass wir ohne das Hören von Unterweisungen keine fundierten Gründe für unsere Anwendung haben. Fehlt uns eine vernünftige Grundlage, neigen wir normalerweise dazu, eine Beschäftigung einfach nicht zu Ende zu bringen. Gute Gründe zu haben entspricht dem Gebrauchen der Hände beim Klettern. Wenn wir uns von Fels zu Fels bewegen, indem wir uns festhalten, besteht keine Gefahr zu fallen. Wenn unsere Meditationsanwendung auf guten Gründen aufbaut, werden wir sie zu Ende führen und Fortschritte erzielen.

Nachdem wir gehört haben, dass Unterweisungen so wichtig sind, denken wir vielleicht, es wäre notwendig, in einem Dharma-Zentrum zu leben, wo wir alles, was gelehrt wurde, intensiv studieren können. Das ist zwar nützlich, aber nicht unabdingbar. Stattdessen mehrere Male im Jahr einwöchige Meditationskurse zu besuchen oder von Zeit zu Zeit ein paar Tage mit einem Lehrer zu verbringen, kann uns befähigen, die Kraft des Hörens zu entwickeln, ohne dafür die ganze Zeit in einem Dharma-Zentrum leben zu müssen.

Intelligenz oder Weisheit wird im Allgemeinen in drei Arten unterteilt, je nachdem ob sie durch Hören, Nachdenken oder Meditation entsteht. Beginnen wir damit, die erste zu entwickeln, werden die zweite und dritte ganz natürlich folgen. Wir können das an unserer gegenwärtigen Situation sehen. Im Moment verfolgt ihr diese Unterweisung. Während ihr diese Auffassungen und Gedanken hört, solltet ihr das Gesagte bedenken, indem ihr euch zum Beispiel klar werdet: Hier ist etwas recht Wichtiges; oder das ist etwas, das ich anwenden muss; das hier dagegen muss ich beseitigen und so weiter. Das ist die Intelligenz, die durch Hören entsteht. Nachdem ihr nachhause zurückgekehrt seid, solltet ihr als nächstes mehrere Tage oder länger weiter über das Gehörte nachdenken. Dieser Vorgang kann durch das erneute Hören von Tonaufnahmen des Vortrages oder durch das Lesen von Büchern zu dem Thema ergänzt werden. Als Ergebnis wiederholten Nachdenkens und Betrachtens des Gegenstandes werdet ihr die Weisheit entwickeln, die durch Nachdenken entsteht. Haben wir über ein Thema auf diese Weise nachgedacht, entsteht ein neues oder «frisches» Verständnis. Denken wir danach über dieses Thema immer wieder nach, bis wir mit ihm völlig vertraut sind und es in unserem Geist fest und klar geworden ist, nennt man das die Weisheit, die durch Meditation entstanden ist.

Unser Geist ist von der Macht der Unwissenheit verdunkelt. Um anzufangen, diese zu beseitigen, brauchen wir die Kraft des Hörens. Dieser muss die Entwicklung des Nachdenkens und der Meditation folgen. Indem wir auf diese Weise die drei Arten der Weisheit entwickeln, können wir die Unwissenheit in unserem Geist verringern und schließlich beseitigen. Selbst wenn wir die Kraft aller elektrischen Energie in der ganzen Welt zusammenbrächten – ohne diese Weisheit zu entwickeln, könnten wir niemals die Dunkelheit der Unwissenheit in unserem Geist beseitigen.

Wie ich schon gesagt habe, gibt es zahlreiche Arten und Stufen der Meditation. Egal welche Anwendung wir ausführen, wir müssen daran denken, dass es äußerst wichtig ist, eine stabile und wirksame Weisheit zu entwickeln. Diese Stabilität und Wirksamkeit kann nur entstehen, wenn wir die Schulung unserer Intelligenz mit der von Achtsamkeit verbinden. Wir können leicht erkennen, was geschieht, wenn diese beiden Faktoren nicht gleichermaßen beteiligt sind. Jemand, der intelligent ist, dem aber Achtsamkeit fehlt, kann verstehen, was ihm gesagt wird, aber er vergisst es schnell wieder. Jemand, der achtsam ist, dem es aber an Intelligenz fehlt, kann die Dinge fest in seinem Geist halten, aber er kann kein breites Spektrum von Informationen begreifen. Da wir verstehen und erinnern müssen, worum es bei der Dharma-Anwendung geht, brauchen wir beide.

Im Wesentlichen müssen wir bestimmte Aspekte unseres Geistes entwickeln und gebrauchen. Hier wurden einige der Methoden, die wir dabei verwenden können, erklärt. Es ist sehr gut, wenn ihr diese verstehen könnt, und am besten, wenn ihr sie in die Praxis umsetzen könnt.

Glossar

skt. = sanskrit
tib. = tibetisch

Acht Freiheiten und zehn Begabungen
(skt. kshana sampada, tib. dhälwa gyä dhang dschorwa tschu)
Unter den *acht Freiheiten* versteht man acht ungünstige Umstände, von denen man frei ist: 1. Nicht in einem abgelegenen Land zu leben; 2. nicht als Barbar geboren zu sein; 3. nicht in einem Land, wo es kein Dharma *(siehe Dharma)* gibt, zu leben; 4. frei von falschen Anschauungen zu sein; 5. frei von einer niedrigen Existenz als Tier, Hungriger Geist oder Höllenwesen zu sein; 6. nicht taub oder stumm zu sein; 7. nicht schwachsinnig zu sein; 8. kein langlebiger Gott zu sein.

Die *zehn Begabungen* sind fünf positive Faktoren, die sich auf die eigene Person beziehen, und fünf, die sich auf andere beziehen.

Die fünf auf die eigene Person bezogenen Begabungen sind: 1. Als Mensch geboren zu sein; 2. in einem zentralen Land zu leben; 3. alle Organe intakt zu besitzen; 4. nicht die besonders üblen Handlungen begangen zu haben, wie zum Beispiel die eigenen Eltern zu töten; 5. Vertrauen in das Dharma zu haben.

Die fünf Begabungen der zweiten Gruppe sind: 1. Es ist ein Buddha in der Welt aufgetreten (im eigenen Fall der eigene geistige Meister); 2. er hat (ein authentisches) Dharma gelehrt;

3. dieses ist in nicht-degenerierter Form vorhanden; 4. es gibt Anwender, die den Unterweisungen folgen; 5. sie sind einem wohlgesinnt und unterstützen die eigenen Bemühungen.

Amitabha (skt., tib. wöpagme)
Einer der Buddhas aus den fünf Buddhafamilien; im Besonderen die Verkörperung des Aggregats der Unterscheidung in seiner vervollkommneren Form.

Arhat (skt., tib. dratschompa)
Feindzerstörer; jemand, der Leid und die Ursachen von Leid aus seinem Geist entfernt hat, also die Hindernisse des Karma und der Kleschas beseitigt hat.

Arya (skt., tib. phagpa)
Erhöhtes Wesen; jemand, der eine direkte, vorstellungsfreie Wahrnehmung der Leerheit, der letztlichen Wirklichkeit, erlangt hat. Dieser Person ist Befreiung sicher.

Arya-Bodhisattva (skt., tib. dschangsem phagpa)
Ein Bodhisattva, der eine direkte Erkenntnis der Leerheit und damit eines der zehn Bodhisattva-Bhumis erlangt hat.

Atischa (skt., tib. dschowo dsche pälden Atischa)
Bengalischer Meister (982-1054), der unter allergrößten Mühen die besonderen Unterweisungen über die Entwicklung des Geistes der Erleuchtung von dem indonesischen Meister Suvarnadvipa nach Indien brachte. Aufgrund wiederholter Bitten des tibetischen Lama-Königs Dschangdschub Ö kam er nach Tibet, um die dort zu jener Zeit degenerierten Unterweisungen des Dharma wiederherzustellen. Er verfasste den berühmten Text *Die Lampe auf dem Pfad zur Erleuchtung* und begründete die Kadam-Tradition, die von Meister Dsche Tsongkhapa

als Gelug-Tradition weitergeführt wurde. Seine Unterweisungen haben alle buddhistischen Traditionen Tibets beeinflusst. Atischas direkter Hauptschüler war Dromtönpa.

Avalokiteschvara (skt., tib. tschänräsig)
Erscheinung des Erbarmens aller Buddhas.

Bardo (tib., skt. anubhava)
Zwischenzustand; der Zustand zwischen Tod und Wiedergeburt.

Bodhisattva (skt., tib. dschangtschub sempa)
Eine Person, deren Charakter vollkommen vom Erleuchtungsgeist erfasst ist. *Siehe auch Bodhitschitta.*

Bodhisattvatscharyavatara
(skt., tib. dschangtschub sempä tschöpa la dschugpa)
Ein klassischer Text des Mahayana-Buddhismus, der von dem großen indisch-buddhistischen Yogi und Gelehrten Schantideva (ungefähr 685-763) verfasst wurde und alle Übungen eines Bodhisattva erläutert, von der Erzeugung des *Geistes der Erleuchtung* bis zur Vollendung der Anwendung der *Sechs Vollkommenheiten*.

Bodhitschitta (skt., tib. dschangtschub gyi sem)
Geist der Erleuchtung; eine spontane (nicht erzeugte) geistige Einstellung, die auf den Zustand der Erleuchtung gerichtet ist, diesen für das Wohl aller Wesen anstrebt und die das Kernholz des Großen Fahrzeugs darstellt. Es gibt wünschendes und ausführendes Bodhitschitta.

Buddha (skt., tib. sanggyä)
Erwachter; ein Wesen, das von den zwei Hindernissen, den Verblendungen und ihren subtilen Eindrücken frei ist und die positiven Eigenschaften wie Weisheit, Erbarmen und alle Fähigkeiten zur Vervollkommnung gebracht hat.

Buddha Schakyamuni (skt., tib. schakyathubpa)
Der erleuchtete Gautama Buddha. In der Welt allgemein als Begründer des Buddhismus bekannt. Er lebte von 563 bis 483 v. Chr. und ist die Quelle aller Unterweisungen des Dharma in unserer Epoche.

Devas (skt., tib. lha)
Götter. Eine der drei Daseinsformen der höheren Bereiche. Die beiden anderen sind die Daseinsformen der Menschen und der Halbgötter. Devas führen ein vergleichsweise angenehmes Leben, was es ihnen aufgrund vieler Ablenkungen allerdings erschwert, sich im Dharma zu schulen. Ihr Glück ist auch kein letztliches Glück, sondern ist vom alles umfassenden Leid des Daseinskreislaufes durchdrungen. Devas, die von allen Leiden freikommen möchten, streben deshalb eine menschliche Wiedergeburt an, die als beste Basis für die Anwendung von Dharma gilt.

Dharma (skt., tib. tschö)
Halten, tragen; es gibt unterschiedliche Bedeutungen des Wortes; zum Beispiel werden alle Phänome Dharmas genannt. Dharma bedeutet aber auch Religion und hier im speziellen die Unterweisungen des Buddha, denn die Anwendung der Unterweisungen Buddhas sind ein Werkzeug, um uns aus unserem leidvollen, unfreien und mit Hindernissen behafteten Dasein herauszuhalten.

Dharmakaya (skt., tib. tschöku)
Wahrheitskörper; Grundlage aller Qualitäten; Quelle der vier Körper *(Kayas)*. Der Dharmakaya oder Wahrheitskörper ist der Geist eines vollständig erleuchteten Wesens. Er ist von allen Hindernissen frei, befindet sich ständig in der direkten Wahrnehmung der Leerheit und erfasst gleichzeitig alle Phänomene

so, wie sie sind. Er besteht aus dem *Weisheitskörper* oder *Dschnjana Dharmakaya*, dem alles erkennenden Aspekt des Buddha-Geistes, und dem *Essenzkörper* oder *Svabhavakaya*, dem Reinheitsaspekt des Buddha-Geistes, der sowohl von vorübergehenden Hindernissen als auch von innewohnender Identität leer ist.

Dromtönpa (tib.)

(1004-1065). Laie und tibetischer Hauptschüler von Meister Atischa. Zusammen mit Kutön und dem Übersetzer Ngog gilt er als Mitbegründer der Kadam-Tradition. Im Jahre 1057 ließ er das Kloster Reting erbauen, das sich schnell zum Hauptsitz der Kadampas entwickelte. Er wird als Verkörperung *Tschänräsigs* (tib., skt. *Avalokiteschvaras*) verehrt und steht in der direkten Inkarnationslinie der Dalai Lamas.

Dsche Tsongkhapa (tib.)

Einer der großen, außergewöhnlichen tibetischen Meister; er lebte von 1357 bis 1419 und begründete die Neue Kadampa-Tradition. Diese ist auch als Gelug- oder heilsame Tradition bekannt; sie ist die am weitesten verbreitete der vier Traditionen des tibetischen Buddhismus.

Energien (skt. vayo-dhatu, tib. lung)

Die subtilen Energien sind feinstoffliche Körperenergien, deren Wesensart Bewegung ist. Sie werden mit einem Pferd verglichen, auf dem der Geist reitet; in Abhängigkeit von den feinen Energien ist der Geist fähig, sich zu bewegen. Um funktionieren zu können, ist der Geist also immer mit den subtilen Körperenergien verbunden.

Geist (tib. lo, skt. buddhi)
Die definierende Charakteristik von Geist ist, klar und erkennend zu sein. Im tibetischen Buddhismus werden die Benennungen Geist, Erkenntnis und Bewusstsein gleichbedeutend verwendet.

Gelug (tib.)
Eine der vier Traditionen des tibetischen Buddhismus, von Meister Dsche Tsongkhapa begründet.
Siehe auch Dsche Tsongkhapa und Kadam.

Gesche (tib., skt. kalyanamitra)
Heilsamer Freund; ein geistiger Meister. In der Gelug-Tradition ein Titel, den ein Mönch erreicht, der die *Fünf Großen Abhandlungen* gemeistert hat:
1. Sammlung von Unterweisungen über die Logik *(Pramana)*
2. Sammlung von Unterweisungen über die Anwendung der Vollkommenheiten im Großen Fahrzeug *(Paramita)*
3. Sammlung der Sicht des Mittleren Weges *(Madhyamika)*
4. Sammlung der klösterlichen Disziplin *(Vinaya)*
5. Sammlung der Phänomenologie *(Abhidharma)*

Hinayana (skt., tib. thegmän)
Kleines Fahrzeug; Weg und Anwendungen des Dharma, die in erster Linie das Erreichen der individuellen Befreiung aus dem bedingten zyklischen Dasein zum Ziel haben, indem die Kette von Karma und Verblendungen durchtrennt wird.

Kadam (tib.)
Eine der wichtigsten Traditionen des tibetischen Buddhismus. Die alte Kadam-Tradition wurde von Meister Atischa eingeleitet und von dessen Schüler Dromtönpa begründet. Sie wurde von Meister Dsche Tsongkhapa erweitert und ist auch unter dem Namen Neue Kadam- oder Gelug-Tradition bekannt.

Kagyü (tib.)
Eine der vier Traditionen des tibetischen Buddhismus. Sie wurde von dem bedeutenden Meister Gampopa begründet.

Karma (skt., tib. lä)
Handlung; reine und unreine Handlungen. Die unreinen Handlungen werden in heilsame, unheilsame und neutrale Handlungen des Körpers, der Rede und des Geistes eingeteilt. Heilsame und unheilsame Handlungen sind die Ursachen für die Erfahrungen von Glück und Leid innerhalb des zyklischen Daseins. Im Buddhismus gelten Handlungen, die einem selbst und anderen Lebewesen Leid zufügen oder Schaden bringen, als unheilsam. Handlungen, die einem selbst und den anderen Lebewesen Glück und Frieden bringen, werden als heilsam beschrieben.

Klescha (skt., tib. nyönmong)
Verblendung. Die sechs Wurzelverblendungen sind Hass, Begierde, Unwissenheit, Stolz, verblendeter Zweifel und verblendete Anschauung. Aus diesen sechs entstehen die zwanzig sekundären Verblendungen.

Konventionelle Wahrheit
(skt. samvirti-satya, tib. küntsob denpa)
Das abhängige Bestehen der Phänomene. Dem konventionellen Bewusstsein gewöhnlicher Wesen, die die letztliche Wirklichkeit nicht erkennen, erscheinen die Phänomene dagegen täuschenderweise als innewohnend existent.

Letztliche Wahrheit
(skt. paramartha-satya, tib. döndam denpa)
Letztliche Bestehensweise der Phänomene.
Siehe auch Schunyata.

Mahayana (skt., tib. thegtschen)
Großes Fahrzeug; Weg und Anwendungen des Dharma, die zum Ziel haben, den Zustand der vollen Erleuchtung zu erreichen, um das Wohl aller Lebewesen zu erfüllen.
Siehe auch Bodhitschitta und Bodhisattva.

Mandala (skt., tib. kyilkhor)
Es gibt verschiedene Arten von Mandalas. Das Darbringungs-Mandala beispielsweise besteht aus einem kreisrunden Boden, mehreren Ringen und einer Spitze. Mit Hilfe der Ringe werden Getreide und Edelsteine zu einem kleinen Berg angehäuft. Das Mandala symbolisiert das gesamte Universum. Gottheiten-Mandalas sind zwei- und dreidimensionale Darstellungen von göttlichen Palästen samt deren Umgebung und den darin verweilenden Gottheiten. Tantrische Meditationen stehen meist in einem direkten Zusammenhang mit einem solchen Mandala.

Niederwerfungen (skt. abhibandha, tib. tschagtshäl)
Eine körperliche, sprachliche oder geistige Handlung der Ehrerbietung. Man bringt durch die lange oder kurze Niederwerfung, bei der man sich entweder ganz auf dem Boden ausstreckt oder vor dem Objekt der Verehrung verneigt, die körperliche Niederwerfung dar; durch das Rezitieren entsprechender Texte sprachliche Niederwerfungen und durch das Entwickeln von Vertrauen und Respekt dem Objekt der Verehrung gegenüber geistige Niederwerfungen. Sie zählen zu den sogenannten vorbereitenden Übungen. Ein Anwender des Dharma sollte versuchen, alle drei Arten von Niederwerfungen durchzuführen; sie sind ein wirksames Mittel zur Bereinigung von negativem Karma und besonders wirksam gegen Stolz. Indem man die eigene höchste Stelle zu den Füßen der niedrigsten Stelle des Objekts der Verehrung beugt, gibt man zu erkennen, dass man sich vollständig und ohne jeglichen Stolz anvertraut.

Nirmanakaya (skt., tib. trülku)
Emanations- oder Formkörper eines Buddha. Der sogenannte höchste Nirmanakaya ist ein Formkörper mit 112 besonderen Merkmalen. Er kann von gewöhnlichen Wesen mit einer entsprechenden Ansammlung heilsamer Potentiale wahrgenommen werden. Buddha Schakyamuni trat als solcher höchster Nirmanakaya auf. Auch geistige Meister können Nirmanakayas sein, und es gibt auch Nirmanakayas in der Form anderer Lebewesen, zum Beispiel Tieren, oder sogar unbelebter Objekte. Ihre eigentliche Natur ist der Weisheits-Dharmakaya.
Siehe auch Dharmakaya.

Nirvana (skt., tib. nyangdä)
Jenseits von Leid oder *Befreiung;* der Zustand des Geistes, in dem alle Verblendungen und Leiden beendet sind und durch den ein Wesen die volle Freiheit vom zyklischen Dasein erreicht.

Nyingma (tib.)
Der Alte; die älteste der vier Traditionen des tibetischen Buddhismus.

Paramita (skt., tib. phartschin)
Vollkommenheit; Anwendungen des Mahayana-Weges, die die Lebensweise des Bodhisattva bestimmen: Geben, Ethik, Geduld, Enthusiasmus, Konzentration und Weisheit.

Pratyeka (skt., tib. ranggyäl)
Allein-Verwirklicher; eine Person, die allein in Zurückgezogenheit ihren Meditationen folgt und so Erkenntnisse erlangt, durch die sie die individuelle Befreiung eines Pratyeka-Buddha erlangt. Einer der Wege des Kleinen Fahrzeugs.

Sakya (tib.)
Weißliche Erde; etwa 150 km südwestlich von Schigatse gelegener Ort und das ursprüngliche, heute teilweise zerstörte Hauptkloster der Sakya-Tradition. Eine der vier Traditionen innerhalb des tibetischen Buddhismus.

Samatha (skt., tib. schinä)
Geistige Ruhe oder *ruhiges Verweilen;* konzentrativer Zustand des Geistes, der punktförmig auf seinem Objekt verweilt und von der Erfahrung der Flexibilität begleitet ist.

Samsara (skt., tib. khorwa)
Daseinskreislauf, die Erfahrungen von Geburt, Alter, Krankheit und Tod bedingt durch Handlungen und Verblendungen.

Sangha (skt., tib. gendün)
Höchste Gemeinschaft; auf der gewöhnlichen Ebene wird die klösterliche Gemeinschaft so bezeichnet. Als eigentliche Sangha sind die Arya-Wesen zu verstehen.

Schantideva (skt., tib. schiwalha)
Bedeutender indischer Meister (ungefähr 685-763) des Großen Fahrzeugs und Verfasser des Werkes *Bodhisattvatscharyavatara.*

Schravaka (skt., tib. nyänthö)
Hörer; Anwender eines der beiden Wege des Kleinen Fahrzeugs; Schravakas hören und bewahren die Unterweisungen der Buddhas und geben sie in authentischer Form weiter.

Schunyata (skt., tib. tongnyi)
Leerheit; die letztliche Bestehensweise der Person und der Phänomene; die Abwesenheit von innewohnender, unabhängiger Existenz.

Sechs Daseinsbereiche
Heilsame Handlungen führen zu glücklichen Daseinsbereichen wie denen der Menschen, der Halbgötter und der Götter. Unheilsame Handlungen führen zu elenden Daseinsbereichen wie denen der Tiere, hungrigen Geister und Höllenwesen.

Siebengliedriges Gebet (tib. yänlag dün)
Anwendung mit sieben Handlungen: Darbringen von Ehrerbietungen; Darbringen von Gaben; Bekennen negativer Handlungen; Freude über heilsame Handlungen seiner selbst und anderer; Bitte an die Erleuchteten, zum Wohle aller Lebewesen zu verweilen; Bitte um Unterweisungen des Dharma; Widmung des Verdienstes.

Stupa (skt., tib. tschöten)
Symbol des erleuchteten Geistes. Indisch-buddhistische Stupas sind kuppelartig gebaute Monumente, die Reliquien Buddhas oder seiner Schüler enthalten. Tibetisch-buddhistische Stupas enthalten oft die Reliquien großer Meister und bestehen aus mehreren Teilen, die die Stufen auf dem Weg zur Erleuchtung symbolisieren.

Substantielle Ursache (tib. nyerlen gyi gyu)
Die Definition lautet: Der hauptsächliche Erzeuger eines substantiellen Phänomens, das in seiner substantiellen Kontinuität steht. Am Beispiel Vase dargestellt, wäre der Ton, aus dem die Vase gebrannt wird, die substantielle Ursache, während der Töpfer lediglich ein beitragender Umstand, aber keine substantielle Ursache für die Vase ist.

Sutra (skt., tib. do)
Allgemeine Unterweisungen des Dharma, die Buddha Schakyamuni für Schüler des Kleinen und Großen Fahrzeugs gab.

Tantra (skt., tib. gyü)
Kontinuum; besondere Unterweisungen, die Buddha den Bodhisattvas gab; eine komplexe, fortgeschrittene Meditationsmethode, mit der das subtile Kontinuum der Wesen in die *Drei Körper des Buddha* umgewandelt werden kann.

Tara (skt., tib. drölma)
Weibliche Erscheinung aller Aktivitäten der Buddhas.

Vadschrasattva (skt., tib. dordsche sempa)
Erscheinung der bereinigenden Kraft aller Buddhas.

Vier philosophische Schulen des Buddhismus
(skt. siddhanta, tib. drubtha)
Die vier Schulen der klassischen buddhistischen Philosophie sind: *Vaibhaschika, Sautrantika, Tschittamatra* und *Madhyamika*.

Yidam (tib., skt. ischtadevata)
Meditations-Gottheit; Erscheinung der Buddhas in der Anwendung tantrischer Meditationen.

Zentrum (skt. chakras, tib. khorlo)
Die Kreuzungspunkte der Energiekanäle in verschiedenen Teilen des Körpers.

Edition Rabten

Publikationen

Gesche Rabten

Gesang der tiefgründigen Anschauung

ISBN 978-3-905497-53-3

Untersuchte ich diesen alten Mönch,
  der vorher so existent erschien,
glich er den Spuren eines Vogels am Himmel;
die Erscheinung des Vogels zieht lediglich durch den Geist,
doch sucht man seine Spuren -- nur unaussprechliche Leerheit!

Mahamudra
Weg zur Erkenntnis der Wirklichkeit

ISBN 978-3-905497-42-7

Stufen des Bewusstseins

ISBN 978-3-905497-23-6

Wissen wir, wie unser Geist funktioniert?
Kennen wir seine Eigenschaften im Schlaf und im Traum?

Über den Tod hinaus

ISBN 978-3-905497-41-0

Was geschieht, wenn wir sterben? Was kommt danach?
Kann man Sterbenden helfen?

Inneren Frieden bewahren

ISBN 3-905497-13-1

Es ist unmöglich, alle Feinde zu besiegen
und mit allen Wesen Freundschaft zu schließen.
Wenn wir aber den Ärger im eigenen Geist beseitigt haben,
ist das, als hätten wir alle Feinde überwunden.

Gonsar Rinpotsche

Buddhas erste Unterweisung
Die Vier edlen Wahrheiten

ISBN 978-3-905497-52-6

Egoismus besiegen

ISBN 978-3-905497-34-2

*Schiebe alle Schuld auf eines,
und meditiere über die Güte aller Wesen.*

Essentielle Punkte der Meditation

ISBN 978-3-905497-48-9

*Meditation – mentale Gymnastik? Entspannung?
Kraftquelle? Ein Mittel, um den Geist zu verändern?*

Tantra der 21 Taras

ISBN 978-3-905497-32-8

*Eine Einführung in buddhistisches Tantra anhand der Meditation
dieser speziellen Erscheinung der Tara.*

Bedeutung des Mandala

ISBN 978-3-905497-72-4

*Buddhismus anzuwenden heißt, ihn zu verstehen. Um ihn zu
verstehen, benötigt man heilsame Kraft. Und nichts erzeugt diese
Kraft in uns so sehr wie das Darbringen des Mandala.*

Gesche Rabten

Mönch aus Tibet

Gebunden, 328 Seiten (32 Farbseiten)
ISBN 978-3-905497-29-8

Abgesehen von der spürbaren Anregung, die von Gesche Rabtens Leben ausgeht, zeigt seine Biographie, dass Studium und Anwendung von Dharma ein langsamer Vorgang ist, der viel Geduld und Zielstrebigkeit erfordert. Es dürfte wohl das erste im Westen veröffentlichte Buch über das Leben eines Gesche sein, und das sollte es sowohl interessant als auch aufschlussreich machen.

Seine Heiligkeit, der 14. Dalai Lama

Die eindrucksvolle Lebensgeschichte Gesche Rabtens, eines außergewöhnlichen buddhistischen Meisters unserer Zeit.

Auch in englischer Sprache erhältlich.

Gesche Rabten

Schatz des Dharma

Gebunden, 316 Seiten (4 Farbseiten)
ISBN 978-3-905497-11-3

Das sorgfältig zusammengestellte und überarbeitete Buch vermittelt einen sehr guten Einblick in die Grundlagen des tibetischen Buddhismus und seines Stufenweges zur Erleuchtung (Lamrim). Es ist informativ, liest sich flüssig und liefert eine stabile Basis für Studium und Anwendung.
Lotusblätter

Dieses Buch ist die Niederschrift des ersten Meditationskurses, den Gesche Rabten im Westen gab (1974).

Auch in französischer und englischer Sprache erhältlich.

Gonsar Rinpotsche

Tantra
Einführung und Grundlagen

Taschenbuch, 192 Seiten
ISBN 978-3-905497-51-9

Tantra – was es ist, was es nicht ist!
Ein alle Aspekte buddhistisch tantrischer Praxis erhellendes Grundlagenwerk und Handbuch für Studium und Anwendung in einem.

Weitere Titel aus dieser Reihe:

Buddhismus – *Eine Einführung*
67 Seiten, ISBN 978-3-905497-25-0
Zufluchtnahme – *Bedeutung und Hintergründe*
56 Seiten, ISBN 978-3-905497-09-0
Erscheinung und Leerheit – *Eine Einführung*
100 Seiten, ISBN 978-3-905497-26-7

Gesche Rabten

Ratschläge des Meisters
Band 1

Taschenbuch, 350 Seiten
ISBN 978-3-905497-70-0

Auch die umfassenden Gedanken des Buddhismus werden klar, wenn Gesche Rabten sie erklärt. Sein Unterricht macht jedes Wort des Buddha zu einer Erfahrung, die in der Tiefe des Wesens Klarheit, Ruhe und Weitblick entstehen lässt.
Aus dem Vorwort

Ratschläge des Meisters
Band 2

Taschenbuch, 214 Seiten
ISBN 978-3-905497-71-7

Wenn heilsame Geistesfaktoren auftreten, sollte man sich ihrer Vorteile bewusst werden und sich bemühen, sie zu verstärken.

Weitere Titel aus unserem Programm

Gonsar Rinpotsche
Die vier Freunde

Gebunden, farbig illustriertes Kinderbuch, 28 Seiten
ISBN 978-3-905497-14-4

Dokhang Khangtsen
The Oral Transmission

Compact Disc, 60 Minuten Spieldauer
Seltene Aufnahme tibetisch-
buddhistischer Meditationsrituale

Lernen Sie spielend tibetisch schreiben!
Tibetisch aktuell

Font, Browser, Notepad
ISBN 978-3-905497-27-4

Mönche von Rabten Choeling
Wholesome Sound

Compact Disc, 60 Minuten Spieldauer
Taschenbuch, 60 Seiten
ISBN 978-3-905497-56-45

Studienzentrum und Verlag

Das *Tibetische Hochschul-Institut Rabten Choeling* wurde 1977 vom Ehrwürdigen Gesche Rabten Rinpotsche auf dem Mont-Pèlerin in der Schweiz gegründet. Es bietet Ordinierten und Laien die Möglichkeit, alle Aspekte des tibetischen Buddhismus in authentischer Weise zu studieren. Das volle Studium ist auf sieben Jahre angelegt. Zusätzlich werden regelmäßig auch öffentliche Wochenendseminare und Meditationswochen veranstaltet, die sowohl allgemeine Aspekte des Buddhismus als auch spezielle Anwendungen und Meditationen behandeln.

Zahlreiche Studiengruppen in mehreren Schweizer Städten werden vom Abt Rabten Choelings, dem Ehrwürdigen Gonsar Rinpotsche, und einer Reihe anderer Lehrer des Instituts betreut. Fortlaufend werden dort Texte und Kommentare früher indischer und tibetischer Meister studiert. Ähnliche Veranstaltungen finden in den angegliederten Zentren Tashi Rabten und Deleg Rabten (Österreich) wie auch in Püntsok Rabten (Deutschland) statt.

Die *Edition Rabten* ist der hauseigene Verlag Rabten Choelings. Wir sind bemüht, den Inhalt der Unterweisungen Buddhas und die kostbaren Ratschläge unserer Meister in der Form zeitgemäßer Bücher in verschiedenen Sprachen und mittels anderer Medien zu veröffentlichen. Sie sollen anregen, die friedliebende und gütige Natur des eigenen Geistes so zu entwickeln, wie Buddha es aufgezeigt hat.

Darüber hinaus bieten wir eine Reihe interner Studientexte an. Darunter befinden sich einführende und weiterführende Literatur ebenso wie seltene tibetische Originaltexte. Unsere speziell entwickelten interaktiven Computerprogramme ermöglichen eine effiziente Textverarbeitung in tibetischer Sprache.

Fordern Sie bitte unseren Katalog an, oder besuchen Sie uns im Internet!

Edition Rabten
Les Tassonneyres
CH-1801 Le Mont-Pèlerin
e-mail: info@editionrabten.com
www.editionrabten.com

Kontaktadressen

Rabten Choeling
Centre des Hautes Etudes Tibétaines
CH-1801 Le Mont-Pèlerin
Tel.: 0041/21 921 36 00
e-mail: info@rabten.com

Tashi Rabten
Letzehof
A-6800 Feldkirch
Tel.: 0043/5522 70611
e-mail: info@rabten.eu

Deleg Rabten
Neder 16
A-6094 Grinzens
Tel.: 0043/5238 54324
e-mail: tirol@rabten.eu

Püntsok Rabten
Verein zur Förderung der Kultur und Weisheit Tibets
Frundsbergstr. 31
D-80634 München
Tel.: 0049/89 160020
e-mail: info@muc.cc

www.rabten.eu